LE GRAND LIVRE
DES ÉNIGMES

Léonard de Vinci

Publié en Grand Bretagne en 2014 par Carlton Books Limited
20 Mortimer Street – Londres W1T 3JW

Aucune partie de ce livre ne peut être reproduite sous quelque forme que ce soit ou par quelque moyen électronique ou mécanique que ce soit, y compris des systèmes de stockage d'information ou de recherche documentaire, sans autorisation écrite de l'éditeur.

Imprimé en Chine

Directeur artistique : Mabel Chan
Maquette : Sunita Gahir
Traduction : Catherine Bricout

© Hachette Livre (Marabout), 2014 pour l'édition française

ISBN : 978-2-501-09786-4
8800048

Richard Wolfrik Galland

LE GRAND LIVRE DES ÉNIGMES

Leonard de Vinci

Marabout

Sommaire

Énigmes pour novices

La somme des arts 12	Une question d'équilibre 33
Un carreau 13	Les guildes 34
Cognition 14	La somme des arts 35
Reconnaissance de formes 15	Une pièce 36
Les pièces manquantes 16	La corde 37
Un rêve sombre 18	Les pièces manquantes 38
Le marchand 19	Leonardo-ku 40
Le tour de cartes 20	Le sable du temps 41
Les fenêtres de l'âme 21	Reconnaissance de formes 42
Concentration 22	Une question d'équilibre 43
Trop malin 24	Concentration 44
Leonardo-ku 25	La somme des arts 46
Les pièces manquantes 26	Deux pièces 47
Reconnaissance de formes 28	Les pièces manquantes 48
L'art du calcul 29	Trois salaires 50
Du grain à moudre 30	La boîte intelligente 51
Leonardo-ku 31	
Une multitude ? 32	

Énigmes pour apprentis

Des pertes inégales	54	Précision	74
Les cavaliers	55	Recrutement	75
Le nombre magique	56	Défection	76
Factions ordinaires	57	Dernier délai	77
Les pièces manquantes	58	Les pièces manquantes	78
Un panneau	60	Générosité	80
Leonardo-ku	61	Bulle papale	81
Un salaire bien calculé	62	Une course de chevaux	82
Pertes au retour	63	Leonardo-ku	83
Quand exactement ?	64	Les premiers seront les derniers	84
Fractions ordinaires	65	Goutte à goutte	85
Attraction	66	Le pouvoir du trois	86
Chiffres	67	La somme des arts	87
Les pièces manquantes	68	Les pièces manquantes	88
In vino veritas	70	Cognition	90
Canon	71	Reconnaissance de formes	91
Roues en mouvement	72		
Leonardo-ku	73		

Énigmes pour experts

Sorcellerie	94
Méfiance	96
La vérité te libérera ?	97
Leonardo-ku	98
Les chapeaux	99
Encore des chapeaux	100
Du plomb dans l'or	101
Les pièces manquantes	102
Quelque chose à partir de rien	104
La dernière paille	105
Jeu de dames	106
Leonardo-ku	107
Pichets	108
Le héraut	109
Batailles	110
Partage de terre	111
Le trésor caché	112
Hérésie	114
Les espions	115
Les pièces manquantes	116
Une prophétie qui se réalise	118
Mille jours de péché	119
Leonardo-ku	120
Un tour de manège	121
Salle de garde	122
Une occasion en or	123
Sacs de pièces	124
L'erreur est humaine	125
Les pièces manquantes	126
Contre-mesures	128
Comptes secrets	129
Territoires	130
Montagne	131

Énigmes pour maîtres

Pliage	134
Paradoxe	135
Un code pour Vinci	136
Leonardo-ku	137
Le second message	138
En espèces	139
Les pièces manquantes	140
Le message révélé	142
Polygone	143
L'homme de Vitruve	144
Pentagones	145
Un royaume divisé	146
Leonardo-ku	147
Un autre royaume divisé	148
Logique mortelle	149
Territoires	150
La part du gâteau	151
Les pièces manquantes	152
Relations	154
Le ciel s'ouvre	155
Des commandes	156
Points de cheminement	157
Nombre magique	158
Leonardo-ku	159
La somme des arts	160
Cases logiques	161
Jugement de valeur	162
Les suites	163
Les pièces manquantes	164
Un verrou révolutionnaire	166
La somme des arts	167
Contre-mesures	168
Cognition	169
Jeu de foire	170
À la forge	171

Solutions 173

Introduction

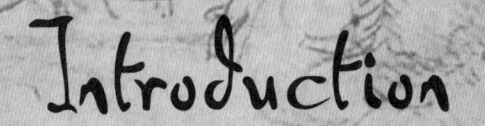

La vie est une énigme, une série sans fin de questions attendant d'être résolues. Les Romains et les Grecs de l'Antiquité aimaient affûter leurs méninges sur ces devinettes quotidiennes, mais hélas, quand l'engouement pour l'élucidation des énigmes commença à décliner, l'Europe s'enfonça dans une ère d'ignorance appelée l'Âge des Ténèbres – ou Moyen-Âge.

Heureusement, après quelques siècles de fléaux et de balivernes superstitieuses, des esprits curieux émergèrent des cendres de la pensée médiévale et une nouvelle époque débute : la Renaissance.

Au cours de cette période, la science fit des progrès considérables et les arts prospérèrent comme jamais auparavant. On se souvient encore aujourd'hui des plus grands inventeurs de la Renaissance, mais aucun n'incarne mieux son idéal que Leonardo di ser Piero da Vinci, ou Léonard de Vinci.

Né à Florence en 1452, enfant illégitime d'une fille de paysan, Léonard allait devenir l'un des plus grands esprits universels de tous les temps grâce à ses multiples talents : artiste, écrivain, inventeur, ingénieur et anatomiste, pour n'en citer que quelques-uns. Son inlassable curiosité dans tous les domaines, associée à un esprit brillant et une aptitude à la « pensée latérale », en a fait sans doute le plus grand déchiffreur d'énigmes de tous les temps. Cultivant avec soin le secret, Léonard nous a laissé toutefois de nombreux mystères non résolus… en emportant les solutions avec lui !

    Ce livre est un recueil de casse-tête, dont certains sont des classiques qui déroutent et passionnent depuis des siècles. Tous sont inscrits dans l'univers de Léonard de Vinci ; nous y rencontrerons ses contemporains et quelques-unes de ses plus grandes œuvres. Il ne s'agit toutefois pas d'un livre d'histoire ; l'auteur a ainsi pris des libertés flagrantes avec les événements et les personnages pour rendre votre voyage dans l'énigme aussi distrayant que possible.

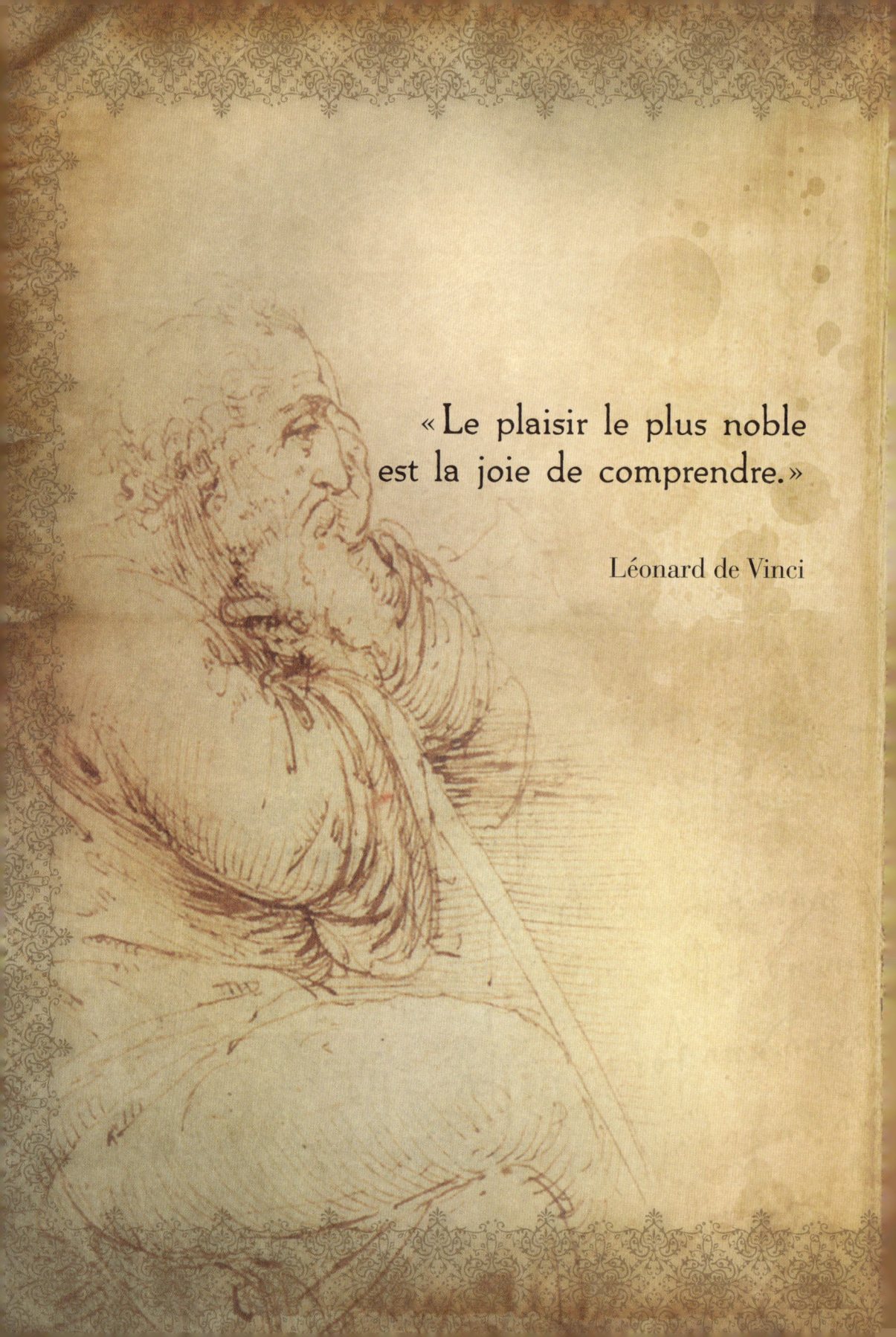

« Le plaisir le plus noble
est la joie de comprendre. »

Léonard de Vinci

Énigmes pour novices

Léonard eut un certain nombre d'élèves, dont Gian Giacomo Caprotti da Oreno. Mieux connu sous le nom de Salaì (« le petit malpropre », ou « démon »), il entra dans le foyer de Léonard à l'âge de dix ans et le mit sens dessus dessous. Cela ne diminua en rien l'affection de Léonard pour son jeune apprenti ; peut-être les pitreries malicieuses du petit démon inspiraient-elles son travail. L'élève continua son chemin et sa propre œuvre de peintre sous le nom d'Andrea Salaì.

12

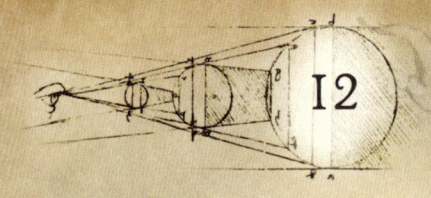

La somme des arts

La valeur d'une œuvre d'art est subjective, mais nous en avons décidé autrement. Pouvez-vous déterminer la valeur de chaque croquis et calculer le nombre qui devrait remplacer le point d'interrogation ?

6

9

6

4   11   ?

Solution page 174

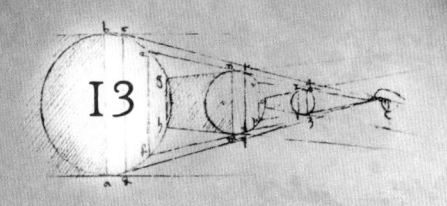

13

Un carreau

Salaì rentre tard un soir. Il n'est pas surpris de trouver le Maître bien éveillé, en train de travailler sur un nouvel engin.

« Que faites-vous, Maître ? demande-t-il.

— Une arbalète mécanique qui peut être rechargée rapidement, répond Léonard. Cela m'attriste que son seul usage soit d'enfoncer une flèche dans le corps d'un homme. »

Salaì ricane.

Léonard le regarde avec un air de reproche.
« Tu as bu, jeune chenapan ?

— Chertonement pas ! » répond l'apprenti avec un air de défi.

Le Maître semble douter, mais son élève poursuit :
« Maître, je parie que je peux accrocher ma casquette, puis marcher jusqu'au mur le plus éloigné dans cette pièce et mettre un carreau de votre nouvelle arbalète au beau milieu. Les yeux fermés ! »

Léonard est amusé malgré lui par l'espièglerie de son élève.
« Si tu arrives à faire ce que tu viens de dire, j'excuserai ton inconvenance. »

Mais, évidemment, il a déjà deviné comment son élève va accomplir cet exploit d'archer d'élite.

Et vous ?

Solution page 174

14

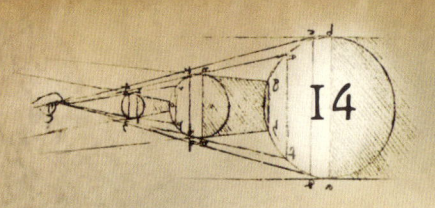

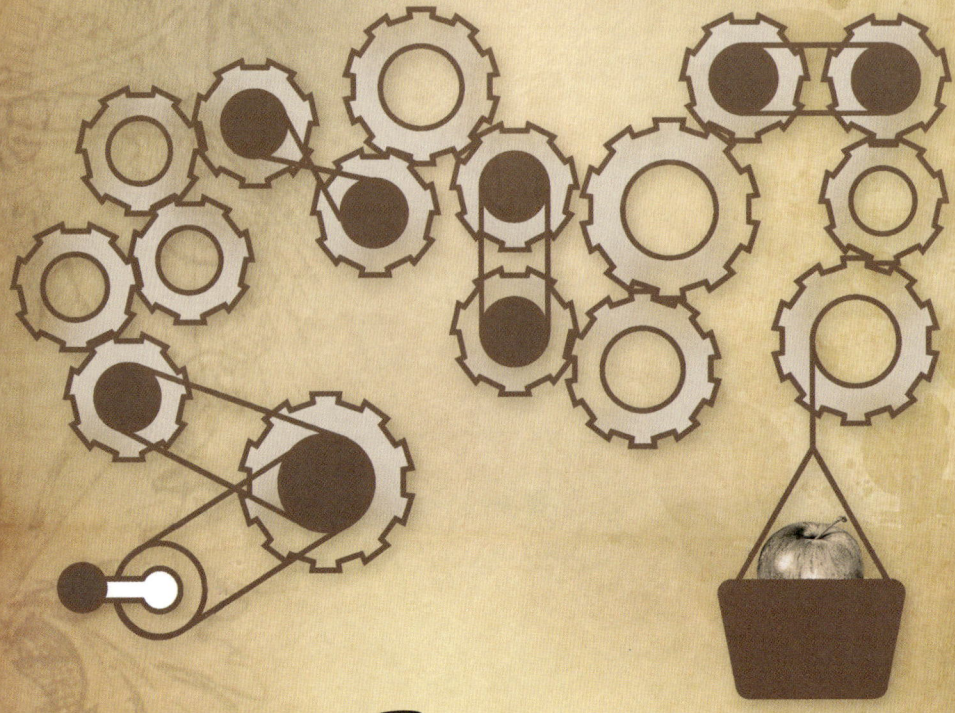

Cognition

Le Maître a construit une machine sophistiquée pour aider son élève à comprendre quelques principes fondamentaux d'ingénierie.

« Ton souper est au bout de la corde, jeune Salaì. Choisis donc soigneusement si tu veux manger quelque chose ce soir. Tourneras-tu la manivelle dans le sens des aiguilles d'une montre ou dans le sens inverse des aiguilles d'une montre pour faire descendre la charge ? »

Solution page 174

15

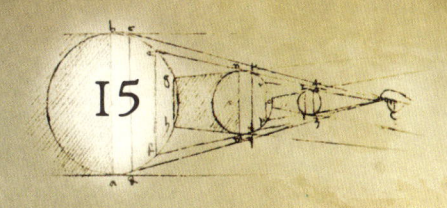

Reconnaissance de formes

« Il est essentiel que tu saches reconnaître des formes si tu veux devenir talentueux dans les arts et dans les sciences », dit Léonard à son élève.

« Peux-tu me dire quelle sorte de symbole compléterait cette grille ? »

Solution page 174

16

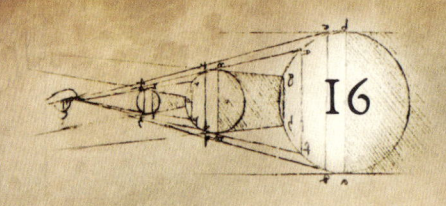

Les pièces manquantes

Le tableau ci-contre est la *Madone aux fuseaux* de Léonard de Vinci. Cinq morceaux de cette œuvre manquent. Pouvez-vous associer les parties numérotées ci-dessous aux symboles sur le tableau ?

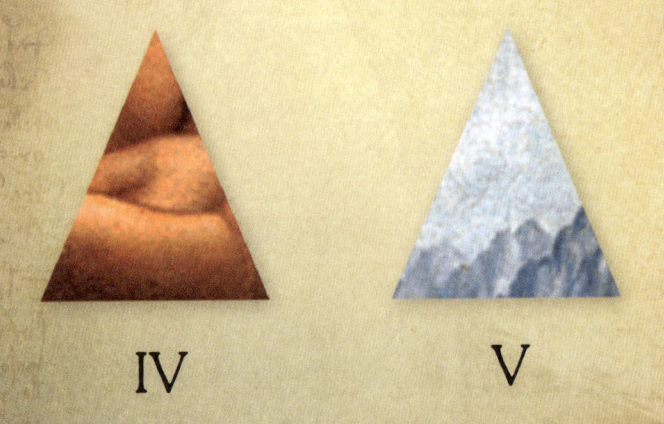

I

II

III

IV

V

17

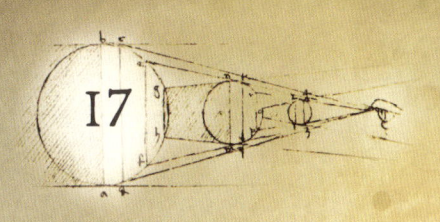

Solution page 175

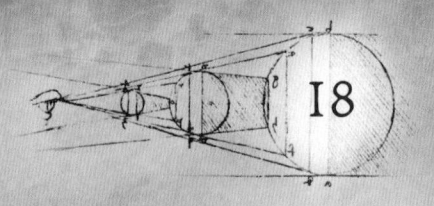

18

Un rêve sombre

Un matin, un soldat de la garde enclin aux visions étranges de mauvais augure se présente devant Ludovic Sforza, duc de Milan, et lui raconte le rêve affreux qu'il a fait la nuit même.

« J'ai vu un serpent énorme qui ondulait gracieusement sur la terre labourée, à côté d'un champ de lys. Un paysan surgit soudain du champ et décapita le serpent avec une grande hache. »

Un halètement parcourt la foule des courtisans. Les symboles sont évidents : le serpent est l'emblème du Milan, la fleur de lys celui des Français détestés.

« Cela ne peut signifier qu'une chose : le tyran Louis complote à nouveau contre votre Grâce », murmurent les conseillers de Ludovic.

Le duc remercie le soldat d'avoir fait part de sa prophétie, puis ordonne de l'emmener et de l'exécuter.

Pouvez-vous expliquer la sentence cruelle du duc ?

Vous serez peut-être surpris d'apprendre que ce n'est pas pour sorcellerie ou trahison.

Solution page 176

19

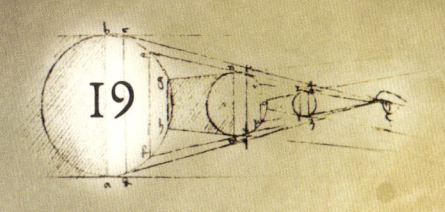

Le marchand

Un marchand vient à Milan pour vendre sa collection de pierres précieuses. Dans la matinée, il vend un tiers de ses pierres, l'après-midi la moitié du reste de son stock et dans la soirée, alors qu'il se prépare à partir, un aristocrate lui achète ses trois pierres restantes.

Combien de pierres le marchand avait-il apportées à Milan ?

Solution page 176

20

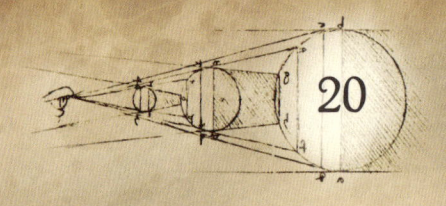

Le tour de cartes

Quatre cartes sont posées sur l'établi de Léonard, disposées ainsi :

« Est-ce un jeu, Maître ? demanda Salaì.
— Un casse-tête, expliqua Léonard. Le dos des cartes est doré ou vert, et la face représente une coupe ou une étoile. Donc, dis-moi, jeune Salaì, quelles cartes dois-tu retourner pour répondre à la question : est-ce que chaque carte dorée présente une étoile sur son envers ? »

Solution page 176

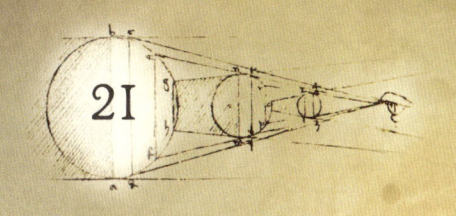

21. Les fenêtres de l'âme

Dans l'atelier du Maître se trouvent de nombreux tableaux, chacun représentant Marie, l'Enfant Jésus, le petit saint Jean-Baptiste et un ange. Tous les personnages, dans chaque scène, sont de face, sauf l'enfant Jésus dont un seul œil est visible.

Si le nombre de tableaux est égal au nombre de personnages masculins dans un tableau, combien y a-t-il d'yeux au total ?

Solution page 177

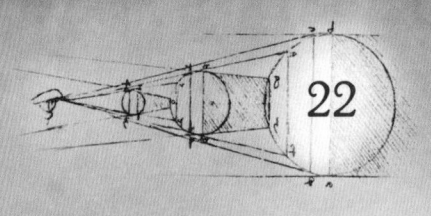

Concentration

Observez cette série aléatoire de croquis de Léonard.
Chaque croquis apparaît deux fois, sauf un. Lequel ?

23

Solution page 178

24

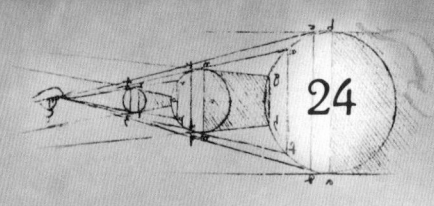

Trop malin

Salaì interrompt les réflexions du Maître en lui mettant un morceau de parchemin sous le nez.

« J'ai une énigme pour vous. »

Léonard sourit avec condescendance en regardant le cadeau de son élève : quelques rangées de chiffres.

```
1
1 1
2 1
1 2 1 1
1 1 1 2 2 1
3 1 2 2 1 1
1 3 1 1 2 2 2 1
1 1 1 3 2 1 3 2 1 1
```

Au bout d'un moment, le sourire se transforme en froncement de sourcils.
« Cela n'a pas de sens, Salaì. Je ne peux discerner aucune logique dans ces chiffres. Est-ce l'une de tes farces ?
— Pas du tout, Maître. Mais ne m'avez-vous pas enseigné de toujours chercher la solution la plus simple ? »

Léonard se frotte les yeux et observe à nouveau. Soudain, son sourire revient.
« Oh ! Jeune coquin ! »
Pouvez-vous écrire la ligne suivante ?

Solution page 178

25

Leonardo-ku

Ceci est un classique moderne revu dans le style de la Renaissance. Voici 9 symboles astrologiques.

Pouvez-vous les inscrire dans la grille afin que chaque ligne, chaque colonne et chaque carré de 3 × 3 cases contiennent les neuf symboles, sans répétition ?

Solution page 179

26

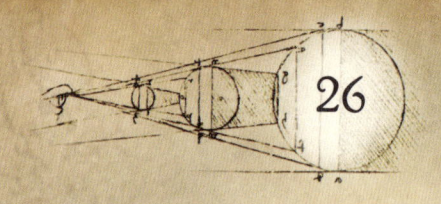

Les pièces manquantes

Le tableau ci-contre est la *Madone Litta*. Cinq morceaux de cette œuvre manquent. Pouvez-vous associer les parties numérotées ci-dessous aux symboles sur le tableau ?

I

II   III

IV   V

27

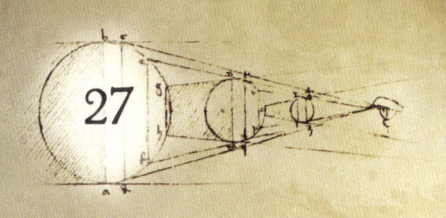

Solution page 180

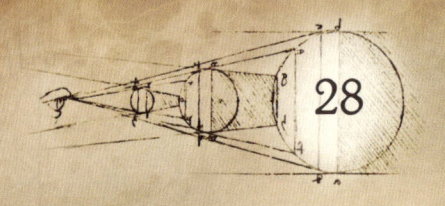

Reconnaissance de formes

Observez la suite de croquis dans cette grille et déterminez lequel devrait se trouver dans le carré vide.

Solution page 181

29

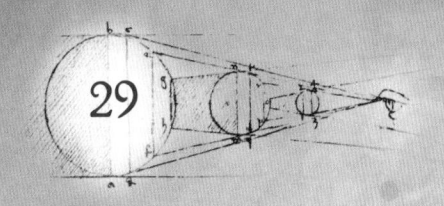

L'art du calcul

« As-tu le sens de l'observation, Salaì ? demande Léonard un beau matin.

— Toujours, Maître, répond son jeune élève avec nonchalance.

— Regarde ceci alors. Comme tu le vois, j'ai placé les chiffres de zéro à quatorze dans trois groupes. »

Groupe I	Groupe II	Groupe III
0 3 6	1 4 7	2 5 10
8 9	11 14	12 13

« Oh, non, Maître. Vous savez combien je déteste les énigmes arithmétiques.

— Alors, celle-ci va te plaire, jeune coquin. Je voudrais savoir dans quels groupes je devrais placer 15, 16 et 17. »

Solution page 181

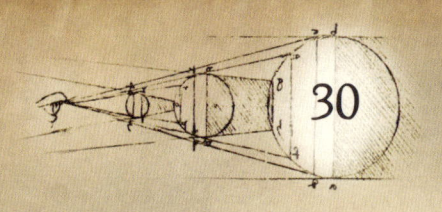

Du grain à moudre

Le duc prélève une taxe sur ses pauvres serfs, sous forme de sacs de grains destinés à nourrir ses soldats affamés.

Les paysans mécontents se soumettent à cette obligation, mais veillent à incorporer tous les grains abîmés dans l'impôt. Quand la taxe est collectée, 97 pour cent des grains sont pourris.

Combien de sacs de grains contaminés doivent-ils être collectés pour emplir un sac de grains comestibles ?

Solution page 182

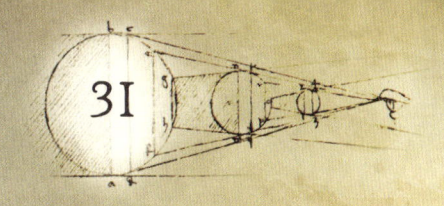

31

Leonardo-ku

Pouvez-vous inscrire ces neuf symboles astrologiques dans la grille ci-dessous afin que chaque ligne, chaque colonne et chaque carré de 3 × 3 cases contiennent les neuf symboles, sans répétition ?

Solution page 182

Une multitude ?

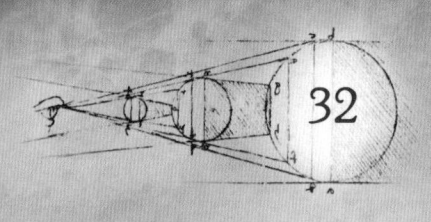

« Nous avons des invités au dîner ce soir, annonce Léonard.

— Combien seront-ils ? demande Salaì.

— Je peux te dire que tous sauf deux sont de Milan, tous sauf deux sont de Venise et tous sauf deux sont de Florence.

— Mais, Maître, notre salon est si petit… attendez un peu, combien sont-ils exactement ? »

Solution page 183

33

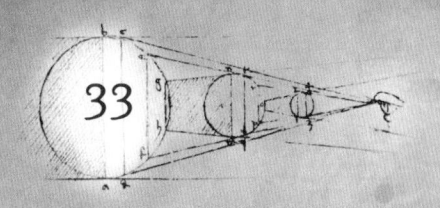

Une question d'équilibre

« Pour chaque naissance il y a une mort, pour chaque génie un idiot. Le Créateur semble avoir décidé que toutes les choses devaient s'efforcer d'atteindre l'équilibre », songe Léonard.

Salaì lui lance un regard absent, mais ne dit rien. Le Maître continue :

« Observe cet engin. Tu vois que le levier est divisé en unités égales et que deux fils très fins sont attachés de chaque côté, mais regarde le manque de symétrie. Si je suspends un poids avec une valeur de quatre au fil de gauche, quel poids devrai-je suspendre sur la droite pour restaurer l'équilibre ? »

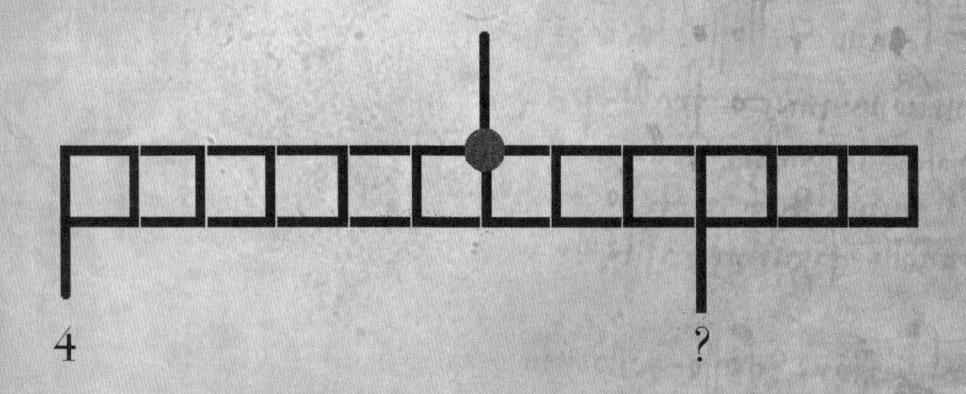

4   ?

Solution page 183

Les guildes

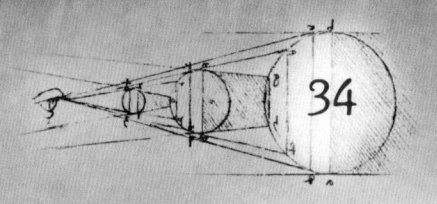

Une ville construite en un carré parfait contient les quartiers généraux de la guilde des Alchimistes, la guilde des Marchands, la guilde des Artistes et la guilde des Voleurs, tous alignés dans la même rue, comme l'indique le diagramme ci-dessous. Après des années de querelles, les Maîtres des guildes décident de répartir la ville équitablement entre eux. Comment la ville peut-elle être partagée afin que chaque Maître contrôle une zone d'un seul tenant qui contienne également son quartier général ?

Solution page 183

35

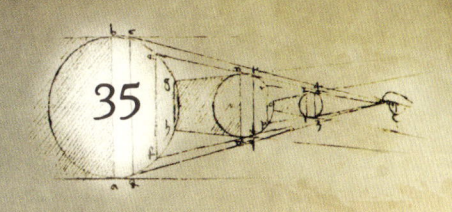

La somme des arts

Déterminez la valeur de chaque tableau et calculez le chiffre qui devrait remplacer le point d'interrogation.

15

8

14

11   15   ?

Solution page 184

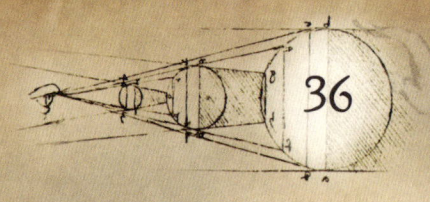

36

Une pièce

Les yeux de Salaì pétillent quand il repère les pièces sur l'établi.

« Ne te fais pas d'illusions, jeune coquin. Ceci est une énigme que tu dois résoudre.

— Je pourrais la résoudre très agréablement au marché, Maître, dit Salaì en riant.

— Tu peux avoir l'une de ces pièces si tu arrives d'abord à la mettre à un autre endroit sur la croix afin que je voie deux rangées de six pièces. »

Solution page 184

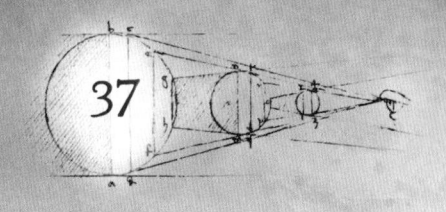

La corde

P ar un beau matin de printemps, le Maître suggère une promenade. Curieusement, il ne prend pas de panier de petit déjeuner, mais une corde immense que Salaì doit porter jusqu'au plus profond de la forêt.

Le jeune disciple n'ose pas demander à quoi est destinée la corde. A-t-il finalement poussé le Maître à bout de patience ? Ils sortent enfin de la voûte de feuillage et arrivent dans une grande clairière circulaire entourant un lac. Au centre du lac se trouve une île et, sur l'île, un chêne solitaire.

Léonard s'arrête sur la berge du lac, où pousse un saule solitaire.
Il se tourne vers Salaì.
« Sur cette île, il y a des champignons d'une espèce rare. Aujourd'hui, jeune Salaì, ta tâche est de les cueillir.

— Maître, vous savez que je ne sais pas nager.

— Effectivement, c'est pourquoi nous avons apporté une corde. Sache que le diamètre du lac est de 400 mètres et la corde est plus longue de quelques mètres que cette distance. »

Sur ce, le Maître tourne les talons et laisse son élève réfléchir au problème.

Que devrait faire Salaì ?

Solution page 184

38

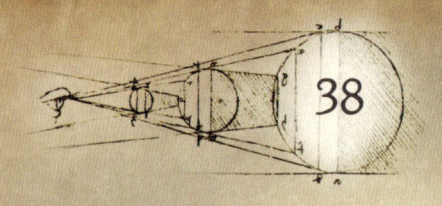

Les pièces manquantes

Le tableau ci-contre est *La Vierge, l'Enfant Jésus et Sainte Anne*. Cinq morceaux de cette œuvre manquent. Pouvez-vous associer les parties numérotées ci-dessous aux symboles sur le tableau ?

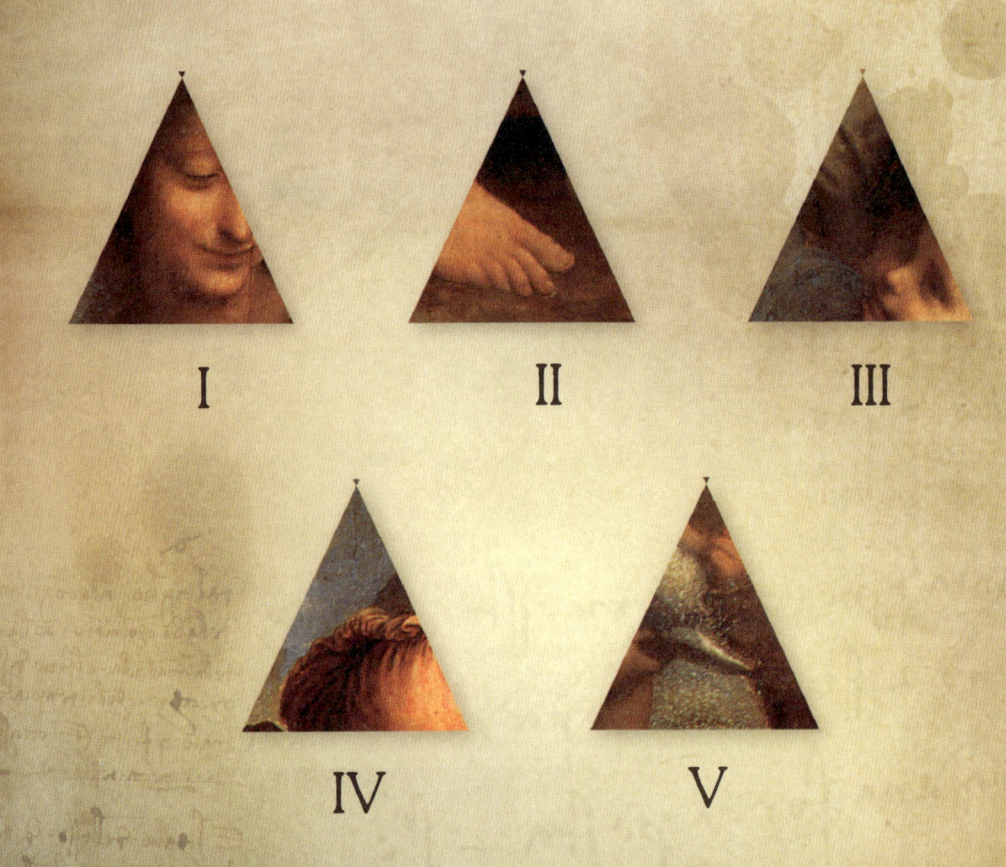

I

II

III

IV

V

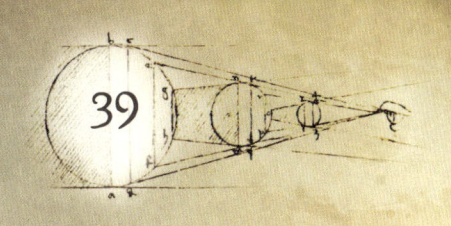

Solution page 185

Leonardo-ku

Voici neuf symboles astrologiques :

Pouvez-vous les inscrire dans la grille ci-dessous afin que chaque ligne, chaque colonne et chaque carré de 3 × 3 cases contiennent les neuf symboles, sans répétition ?

Solution page 186

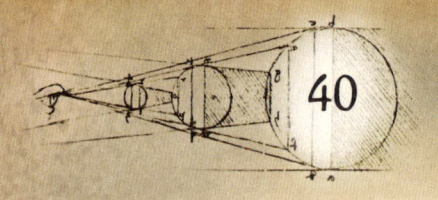

41

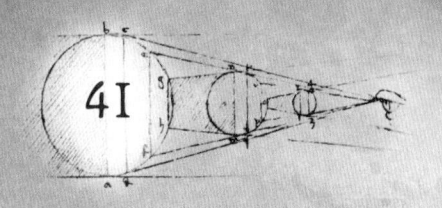

Le sable du temps

Les horloges mécaniques étaient en usage pendant la Renaissance, mais ne deviendraient vraiment précises qu'avec l'invention du balancier, quelque deux cents ans après la mort de Léonard.

Il n'est pas étonnant que ses carnets de notes contiennent des plans d'un appareil amélioré.

Le sablier était une méthode moins sophistiquée pour mesurer les minutes. On pouvait le remplir d'une quantité de sable suffisante pour mesurer un temps donné. Supposez que vous avez un sablier de quatre minutes et un sablier de sept minutes, mais que vous souhaitez mesurer neuf minutes. Comment feriez-vous ?

Solution page 187

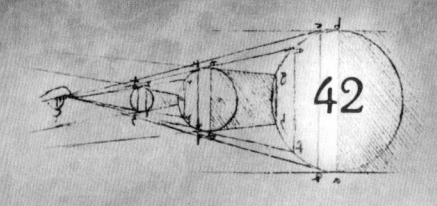

Reconnaissance de formes

Observez la suite de croquis dans cette grille et déterminez lequel devrait se trouver dans le carré vide.

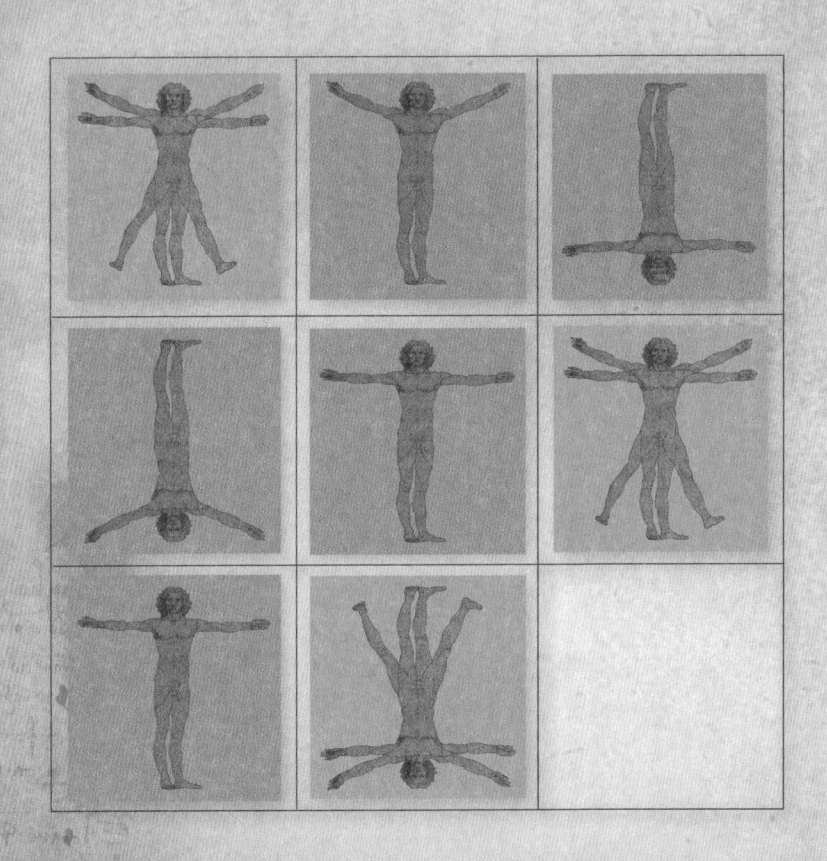

Solution page 187

43

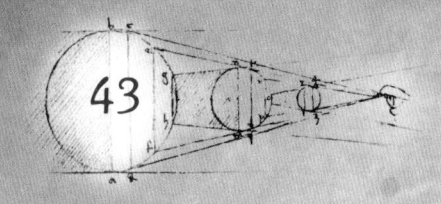

Une question d'équilibre

« Tu devrais maintenant être expert dans l'art d'apporter l'équilibre à l'Univers, jeune Salaï. Quel poids devrait être attaché au fil vide pour que tout soit dans l'ordre ? »

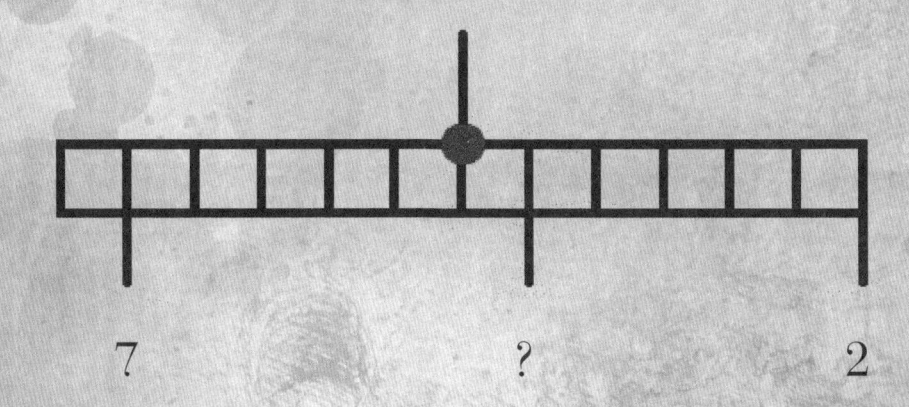

7　　　　　　　　　?　　　　　　　　　2

Solution page 188

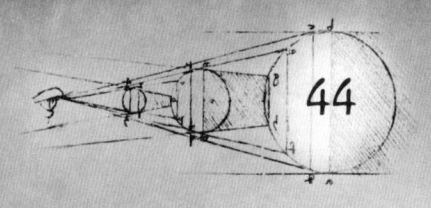

Concentration

Observez cette série aléatoire de croquis de Léonard. Chaque croquis apparaît deux fois, sauf un. Le voyez-vous ? Observez attentivement : des images sont retournées ou de taille différente, mais elles restent le même croquis.

45

Solution page 188

46

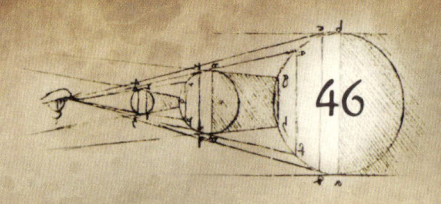

La somme des arts

Déterminez la valeur de chaque tableau et calculez le chiffre qui devrait remplacer le point d'interrogation.

			8
			18
			16
10	20	?	

Solution page 188

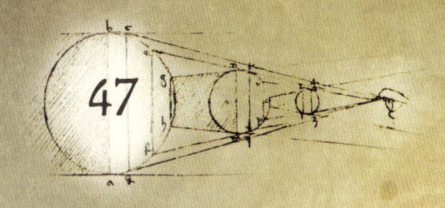

Deux pièces

Quand Salaì rentre du marché, il trouve les pièces restantes disposées en carré.

Il remarque qu'elles sont posées du côté pile ou du côté face, en alternance.

« Nous pourrons dîner si tu peux redisposer ce carré de façon à ce que chaque colonne verticale soit composée de pièces présentant toutes le côté pile ou le côté face.

— C'est facile.

— Tu n'es autorisé à toucher que deux pièces. »

Salaì marmonne un juron.

Solution page 189

48

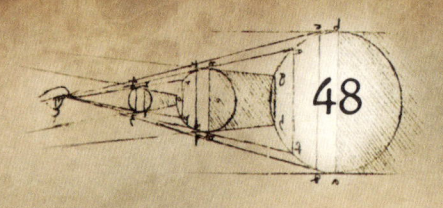

Les pièces manquantes

Le tableau ci-contre est *La Madone à l'œillet*. Cinq morceaux de cette œuvre manquent. Pouvez-vous associer les parties numérotées ci-dessous aux symboles sur le tableau ?

I

II

III

IV

V

49

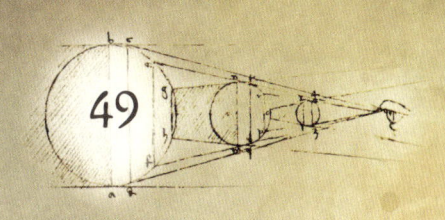

Solution page 190

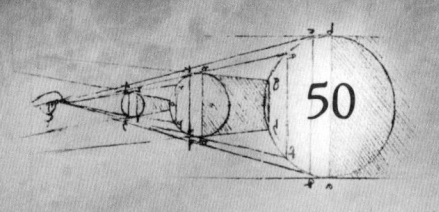

50

Trois salaires

Le duc passe commande à un architecte, un sculpteur et un peintre pour la construction et l'ameublement de sa nouvelle chapelle.

Il paie un acompte total de 15 florins aux trois hommes. S'il payait au sculpteur deux fois ce qu'il reçoit vraiment, le salaire combiné du sculpteur et du peintre devrait être identique au salaire de l'architecte.

Combien le duc paie-t-il chaque homme ?

Solution page 191

51

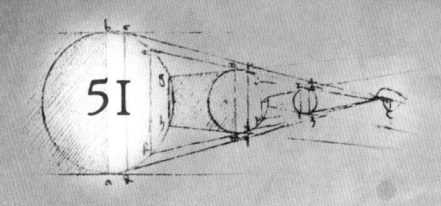

La boîte intelligente

« Quand tu peins d'après la vie, mets sur la toile tout ce que tu vois. Mais tu dois t'efforcer d'inclure les éléments que tu ne vois pas. C'est le secret de la profondeur et du réalisme. »

Le regard de Salaì commence à s'éteindre et le Maître décide d'essayer une autre approche. Il fabrique quatre boîtes en papier et les place de façon à ce que trois côtés de chacune soient visibles.

I   II   III   IV

« Vous voulez les peindre, Maître ? demande Salaì en réprimant à peine un bâillement.

— Non, je veux que tu me dises laquelle est construite d'après ce plan cruciforme. »

Solution page 191

« Il y a trois classes d'individus : ceux qui voient, ceux qui voient quand on leur montre, ceux qui ne voient pas. »

Léonard de Vinci

Énigmes pour apprentis

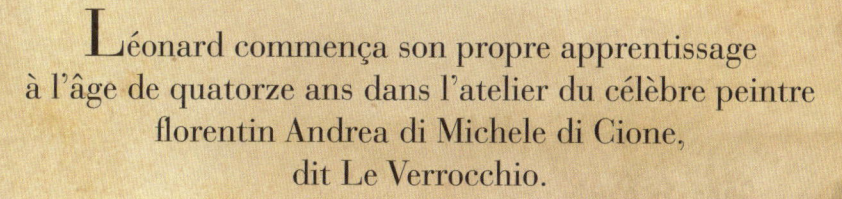

Léonard commença son propre apprentissage à l'âge de quatorze ans dans l'atelier du célèbre peintre florentin Andrea di Michele di Cione, dit Le Verrocchio.

En 1475, Le Verrocchio peignit *Le Baptême du Christ* et fut assisté par le jeune Léonard qui peignit un ange en bas à gauche du tableau.

On dit que Le Verrocchio fut plus qu'impressionné par la contribution de Léonard. Il déclara qu'il était surpassé par son élève et décida de ne plus jamais toucher un pinceau.

54

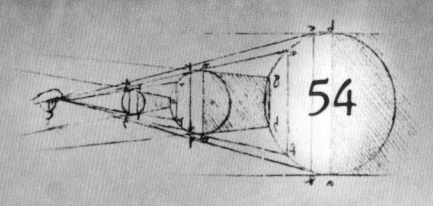

Des pertes inégales

Deux généraux alliés partent en guerre contre un ennemi commun. Au cours de la bataille, les soldats sont égalés par leurs adversaires, tant par le nombre que par la qualité des troupes.

« Je n'arrive pas à comprendre, dit le second général. Vos hommes sont égaux aux miens à tous les niveaux, pourtant votre armée a subi deux fois moins de pertes. »

Pouvez-vous expliquer cette disparité ?

Solution page 192

Les cavaliers

« Il y avait des chevaux et des hommes qui s'enfuyaient de Florence. Quarante-quatre jambes et trente-trois yeux, sur chaque cheval un cavalier ! », hurle le vieil homme.

« Est-ce que ce qu'il dit a le moindre sens ? », demande Salaì.

— Il est parfaitement sensé à sa façon, répond Léonard, manifestement perdu dans ses pensées. Nous devrions informer le duc ; on dirait que les cavaliers ont fait un prisonnier. »

Comment Léonard est-il arrivé à cette conclusion ?

Solution page 192

Le nombre magique

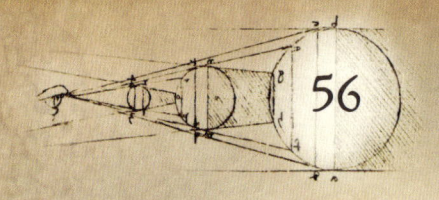

Emplissez les cases vides avec les chiffres numéraux manquants consécutifs entre I et IX, afin que les chiffres additionnés dans chaque ligne, colonne et diagonale donnent le même total.

IV		
	V	
		VI

Solution page 193

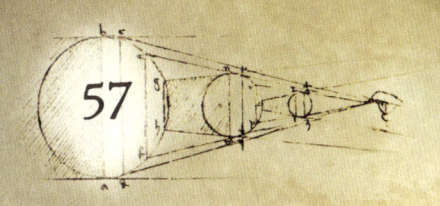

Factions ordinaires

« La cour s'est divisée en deux factions opposées, dit Léonard. Si un seigneur de plus fait défection à Rome, il y aura deux fois plus de loyalistes papaux que d'amis des Médicis. Toutefois, si l'un des soutiens du pape rejoint les Médicis, les nombres seront égaux. »

Salaì fronce les sourcils.
« Donc, combien chaque faction a-t-elle de partisans actuellement ? »

— Je viens de te le dire », répond Léonard.

Quelle est la réponse ?

Solution page 193

58

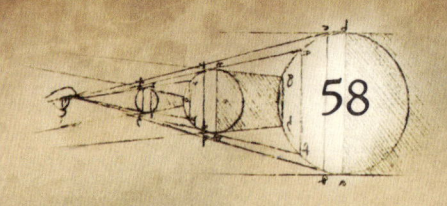

Les pièces manquantes

Le tableau ci-contre est *Saint Jérôme dans le désert*. Cinq morceaux de cette œuvre manquent. Pouvez-vous associer les parties numérotées ci-dessous aux symboles sur le tableau ?

I

II

III

IV

V

59

Solution page 194

60

Un panneau

Léonard et Salaì ont quitté Florence et se dirigent vers Volterra quand ils arrivent à un panneau indicateur qui a été déterré.

« Les gens de ces régions ne sont guère amicaux envers les Médicis, remarque Léonard. Ils détruisent souvent les panneaux pour désorienter les visiteurs. Heureusement, celui-ci est seulement tombé au sol.

— Mais comment pouvons-nous trouver notre chemin, Maître ? Le panneau posé dans la boue n'est d'aucune utilité. »

Solution page 195

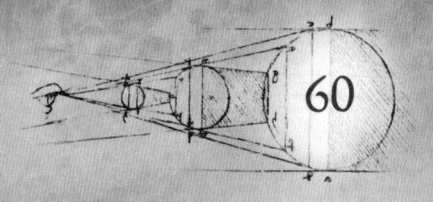

Leonardo-ku

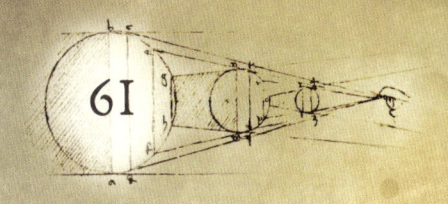

Pouvez-vous inscrire ces neuf symboles astrologiques dans la grille ci-dessous afin que chaque ligne, chaque colonne et chaque carré de 3 × 3 cases contiennent les neuf symboles, sans répétition ?

Solution page 195

62

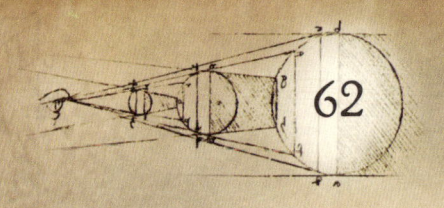

Un salaire bien calculé

Léonard reçoit une commande d'un homme pieux, très avare et par ailleurs stupide, pour la peinture d'une frise.

« J'aurai terminé le travail en 36 jours, dit Léonard.

— Et votre tarif ? grommelle le client.

— Oh, ne vous inquiétez pas. Le premier jour vous me paierez une seule pièce. »

L'homme paraît étonné.

« Si vous êtes parfaitement satisfait du début, vous me paierez deux pièces le deuxième jour, puis trois pièces le troisième, et ainsi de suite.

— Nous sommes d'accord », dit l'homme, le front ridé par cette arithmétique simple.

Quel est le salaire total de Léonard ?

Solution page 196

Pertes au retour

Un soldat arrive au palais ducal, couvert de sang et épuisé.

Après avoir bu une chope de bière, il est en état de raconter sa triste histoire.

« Nous avons perdu la moitié de nos hommes dans le combat avec les Français, puis sur le chemin du retour nous avons perdu 20 pour cent de nos forces dans des escarmouches avec des brigands. Sur les effectifs restants, un quart a succombé à ses blessures pendant la marche en pays ami. En arrivant ici, les 29 hommes restants sont allés directement à la taverne, mais j'ai pensé que je devais faire mon rapport tout de suite à votre grâce. »

Combien y avait-il de soldats au départ ?

Solution page 196

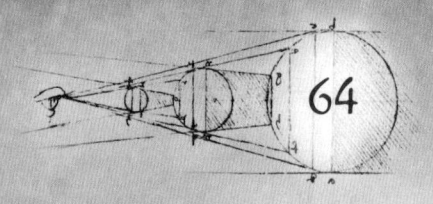

Quand exactement ?

« Maître, aujourd'hui est le sixième jour du mois.

— Bien observé, jeune Salaì. Rappelle-moi, en quoi est-ce important ?

— Vous avez promis de me révéler les secrets de l'alchimie ce mois-ci, Maître.

— Et je te les enseignerai le jour précédant de trois jours le jour après demain.

— Et je vous le rappellerai, Maître… mais quand est-ce exactement ? »

Solution page 196

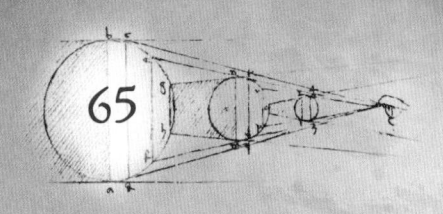

65

Fractions ordinaires

« Les Médicis sont des banquiers avant tout et accordent plus de valeur à la comptabilité qu'à l'art », grommelle Léonard après une réunion infructueuse avec son mécène.

Salaì garde le silence.

« Et comment vont tes facultés, jeune coquin ? grogne le Maître. Dis-moi combien fait la moitié des deux tiers des trois quarts des quatre cinquièmes des cinq sixièmes des six septièmes des sept huitièmes des huit neuvièmes des neuf dixièmes de cent ? »

Solution page 197

66

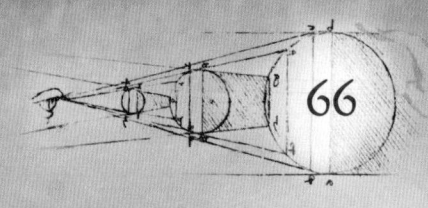

Attraction

« Tu te rappelles notre discussion sur les mystères du magnétisme, jeune Salaì ?

— Oui, Maître. J'essaie encore de retirer la limaille de fer de ma culotte.

— Observe, j'ai ici deux barres en fer qui semblent totalement identiques. Cependant, l'une est magnétisée et l'autre ne l'est pas. »

Salaì recule d'un pas.

« Calme-toi, mon garçon. Voici ce que je veux savoir : peux-tu déterminer quelle barre est magnétisée en les déplaçant sur l'établi – sans les soulever ni employer aucun autre objet ? »

Solution page 197

67

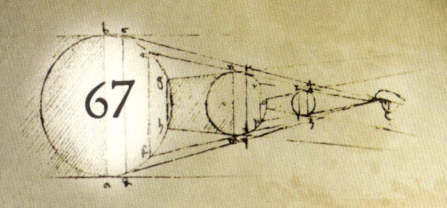

Chiffres

C'est devenu une sorte de routine ; en se réveillant, Salaì se dirige vers l'établi et trouve un casse-tête que le Maître a créé pendant la nuit. Ce matin ne fait pas exception.

Une série de brindilles se révèle, après examen, être une équation en chiffres romains :

$$VI + II = V$$

« Ha ! Votre arithmétique est défaillante, Maître, remarque Salaì.

— Effectivement, répond Léonard sans lever les yeux de ses notes. Peut-être pourrais-tu me corriger ? Cependant…

— Laissez-moi deviner… je ne peux déplacer qu'une brindille ? »

Léonard sourit.

« Précisément. »

Solution page 197

68

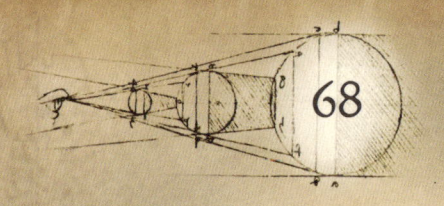

Les pièces manquantes

Le tableau ci-contre est *La Madone Benois*. Cinq morceaux de cette œuvre manquent. Pouvez-vous associer les parties numérotées ci-dessous aux symboles sur le tableau ?

I

IV

II

V

III

69

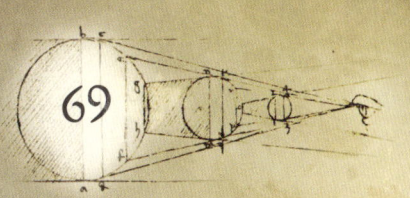

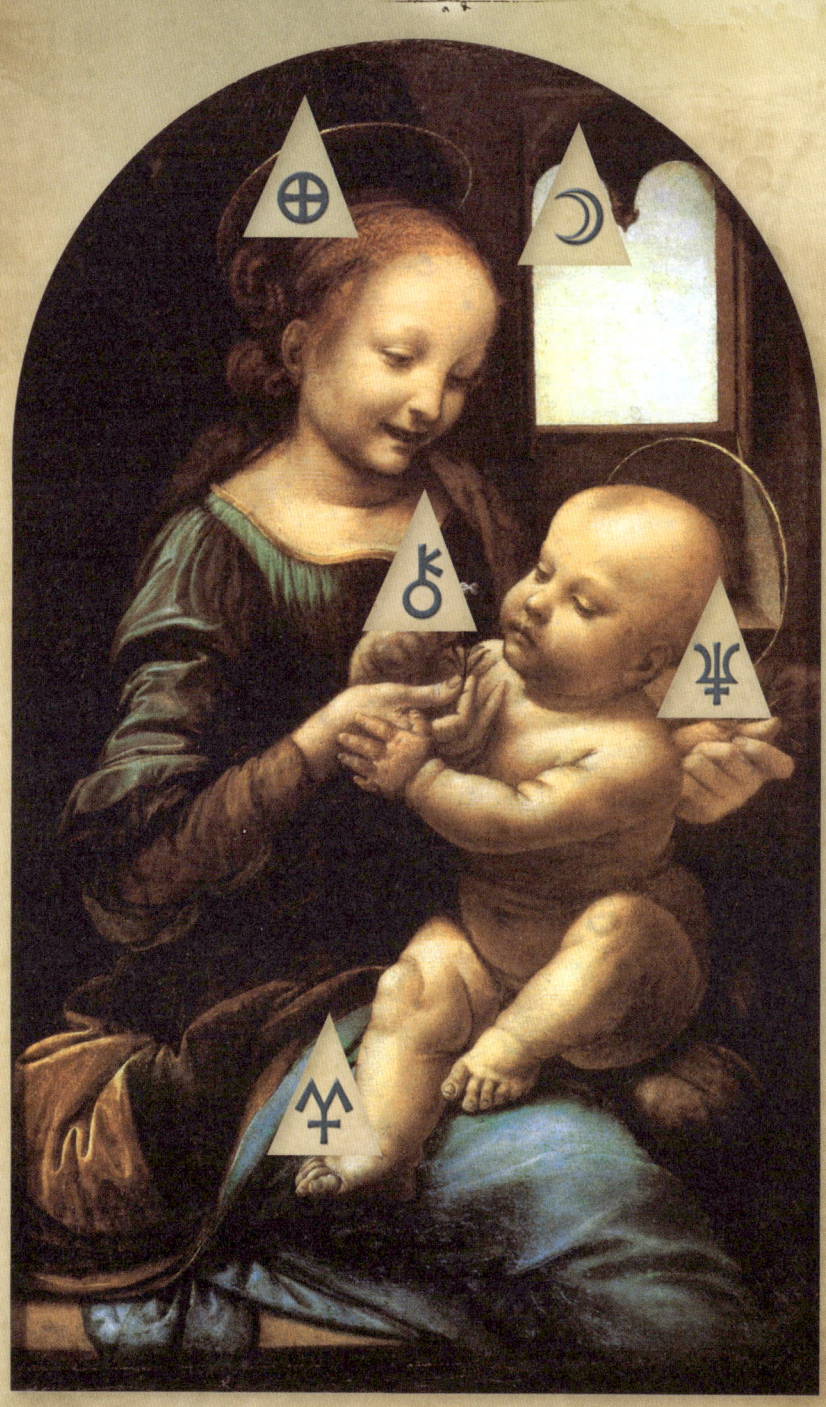

Solution page 198

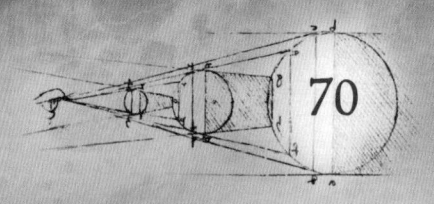

In Vino Veritas

« Dis-moi, Salaì, si notre dernière barrique de vin est plus qu'à moitié pleine ou plus qu'à moitié vide. »

Salaì observe le sombre miroir de la surface du vin dans la barrique. Elle peut être à moitié pleine ou à moitié vide.

« C'est un test de mon optimisme, Maître ?

— Non, c'est une question parfaitement concrète. Tu dois sûrement pouvoir me le dire sans utiliser d'instruments de mesure ni poser de questions stupides ? »

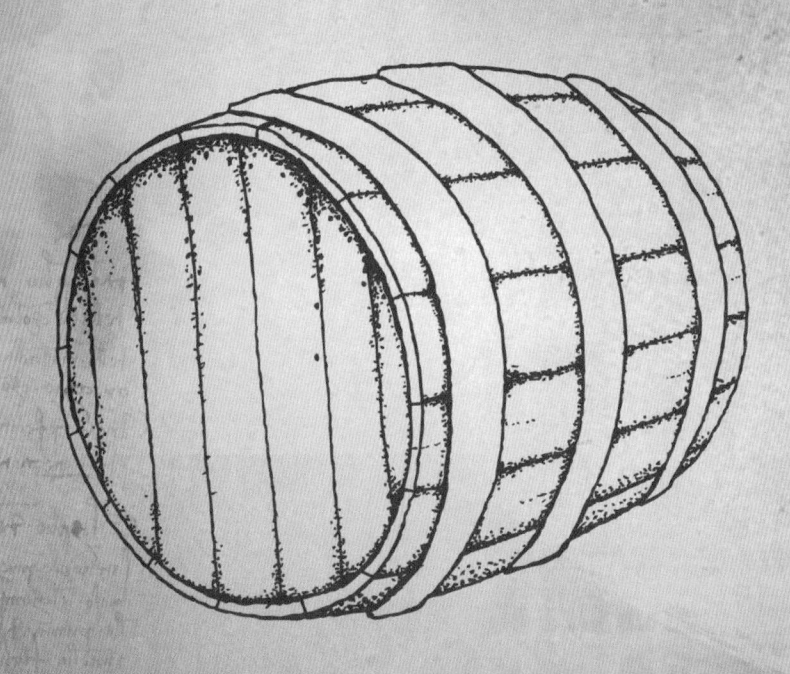

Solution page 199

71

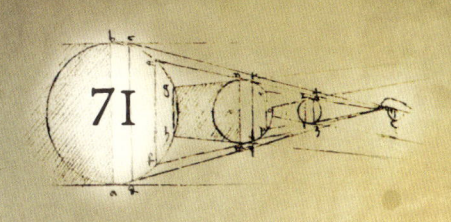

Canon

Léonard teste le rythme de tir de deux canons de siège. Le premier peut tirer cinq boulets en cinq minutes, le second dix boulets en dix minutes.

Quel canon serait le plus rapide pour tirer une douzaine de fois ?

Solution page 199

72

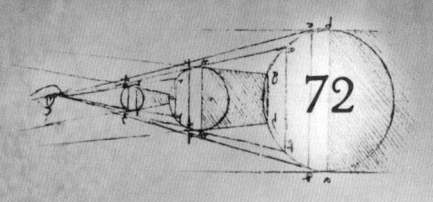

Roues en mouvement

« Un autre exercice pour ton esprit, jeune Salaì, annonce Léonard. »

Sur son établi, Léonard a posé une plaque d'ardoise sur trois cylindres en bois.

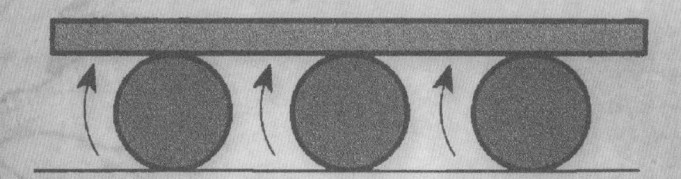

« Si les cylindres ont une circonférence d'une coudée, quelle distance aura parcourue la plaque quand les rouleaux auront fait une révolution complète ? »

Solution page 199

Leonardo-ku

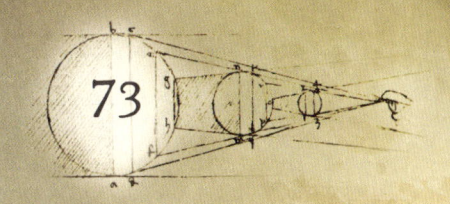

Pouvez-vous inscrire ces neuf symboles astrologiques dans la grille ci-dessous afin que chaque ligne, chaque colonne et chaque carré de 3 × 3 cases contiennent les neuf symboles, sans répétition ?

Solution page 200

74

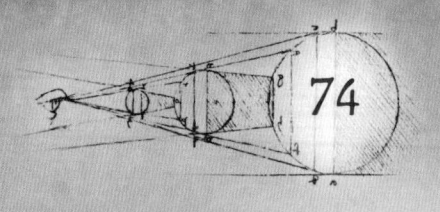

Précision

« Le rythme de tir est important, mais ne remplace pas la précision. Aujourd'hui, nous allons maintenant tester nos nouveaux canons sur des cibles. »

Léonard et Salaì remorquent les canons jusqu'à un grand champ à la périphérie de Florence où le Maître a dressé des fortifications réalistes, en bois et en stuc.

Au premier test, les deux canons tirent 50 boulets et atteignent leurs cibles à 25 reprises. Après un nouveau réglage pour une cible plus éloignée, le premier canon tire 34 boulets et réussit 3 tirs ; le second canon tire 25 fois, sans aucune réussite.

« Le premier canon est supérieur, Maître, affirme Salaì avec assurance.

— Peut-être, dit Léonard. Pourtant, si cela avait été un concours de tir, je n'en serais pas si sûr. »

Pourquoi ?

Solution page 200

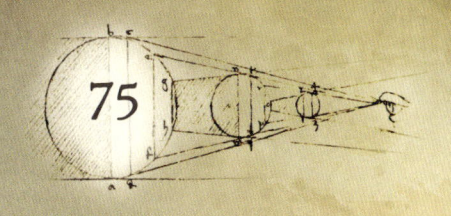

Recrutement

Trois jeunes gens sont candidats pour rejoindre la garde du duc.

Deux sont habiles au maniement de l'épée, deux ont été formés au maniement de l'arbalète et deux sont de bons cavaliers. Le jeune homme qui n'a pas de compétence à l'épée n'en a pas non plus à l'arbalète et celui qui n'a pas d'expertise au tir à l'arbalète ne sait pas monter à cheval.

Quelle est la compétence de chaque candidat ?

Solution page 201

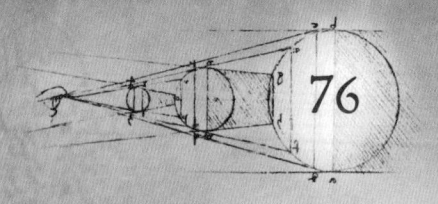

Défection

Deux généraux ennemis ont le même nombre de soldats. Combien d'hommes devraient quitter l'armée du premier général (pour rejoindre les rangs de l'ennemi) pour que le second général ait 1 000 soldats de plus que le premier ?

Solution page 201

Dernier délai

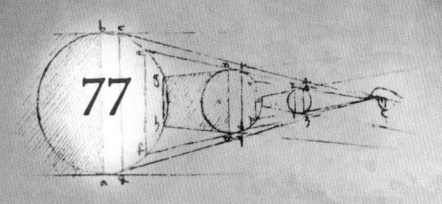

Cesare Borgia a un sens de l'humour cruel et infâme.

« Vinci, votre incapacité à terminer ma sculpture est intolérable. Choisissez votre châtiment.

— Mon Seigneur ?

— Vous pouvez perdre une main ou un œil, ou mes hommes vous jetteront dans une fosse avec des chiens sauvages qui n'ont rien mangé depuis cinq mois. »

Quel sort devrait choisir notre artiste-sculpteur-inventeur en péril ?

Solution page 201

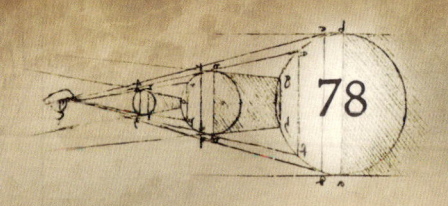

Les pièces manquantes

Le tableau ci-contre est *La Vierge aux rochers*. Cinq morceaux de cette œuvre manquent. Pouvez-vous associer les parties numérotées ci-dessous aux symboles sur le tableau ?

I

II

III

IV

V

79

Solution page 202

Générosité

« Es-tu allé à la messe ce matin, Salaì ? demande Léonard.

— Oui, Maître. On nous a rappelé les vertus de la générosité. »

Le Maître sourit.
« Il y a une chose qu'on peut garder ou partager, mais une fois partagée, elle cessera d'exister. »

Qu'est-ce que c'est ?

Solution page 203

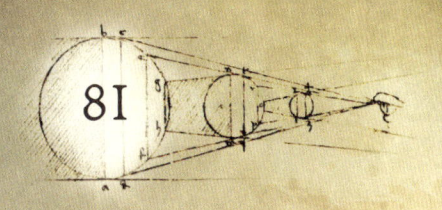

Bulle papale

Rodrigo Lanzol Borgia s'est fait bon nombre d'ennemis au cours de sa vie. Sa famille fut accusée de toutes sortes de crimes impies, de l'inceste et l'adultère au vol et au meurtre.

Toutefois, bien qu'il vécût à Rome sous le pontificat d'Alexandre VI, Borgia ne fut jamais excommunié.

Pourquoi ?

Solution page 203

82

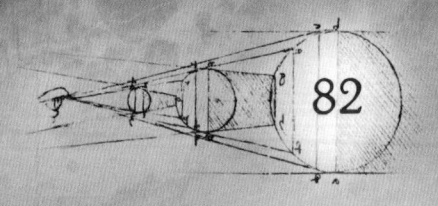

Une course de chevaux

Giovanni Borgia se considère comme un cavalier accompli et défie trois compagnons dans une course. Il dépasse le cavalier qui était en seconde place, mais est dépassé par deux autres cavaliers dans la dernière ligne droite.

À quelle place finit-il ?

Solution page 203

Leonardo-ku

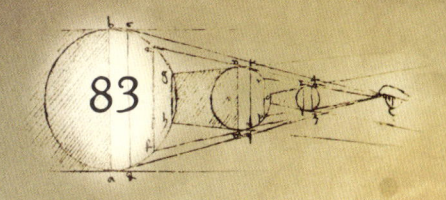

Pouvez-vous inscrire ces neuf symboles astrologiques dans la grille ci-dessous afin que chaque ligne, chaque colonne et chaque carré de 3 × 3 cases contiennent les neuf symboles, sans répétition ?

Solution page 204

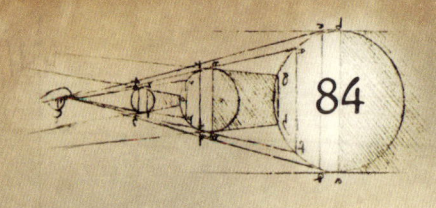

Les premiers seront les derniers

Rodrigo Borgia impose un défi à ses deux fils qui sont en rivalité, Giovanni et Cesare.

« Je vous propose une course autour du palais, dit le père, mais avec une différence. Matthieu 20,16. »

— Les derniers seront les premiers et les premiers seront les derniers ? demande Giovanni.

— Exactement, répond Rodrigo. Celui dont le cheval arrivera le dernier gagnera mes faveurs. »

Giovanni et Cesare marquent une pause, puis se précipitent vers les écuries.

Ils en sortent quelques secondes plus tard, tous deux au grand galop.

Pourquoi les deux frères sont-ils si désireux de terminer premier ?

Solution page 205

Goutte à goutte

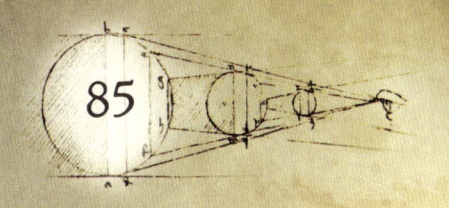

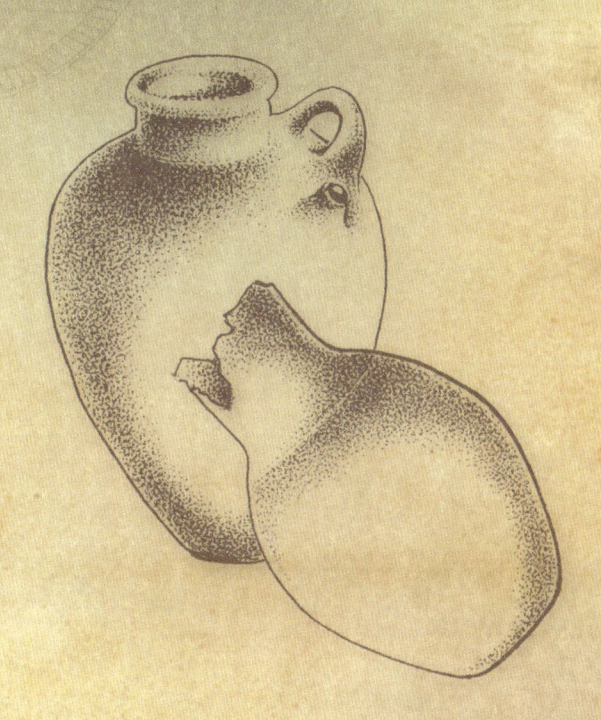

Léonard prend une timbale en terre et mesure soigneusement du vin dedans, goutte par goutte. Salaì l'observe en silence, jusqu'à ce que le Maître parle enfin.

« Dis-moi, Salaì, combien de gouttes de vin peut-on mettre dans un gobelet vide ? »

Solution page 205

86

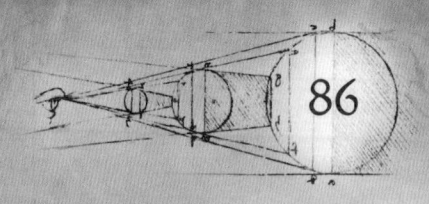

Le pouvoir du trois

Salaì trouve un étrange pentagramme inscrit sur un parchemin.

« Est-ce une sorte de sorcellerie, Maître ? », murmure-t-il.

Léonard rit.
« Pas de la magie, jeune coquin, mais des mathématiques. Combien vois-tu de triangles ? »

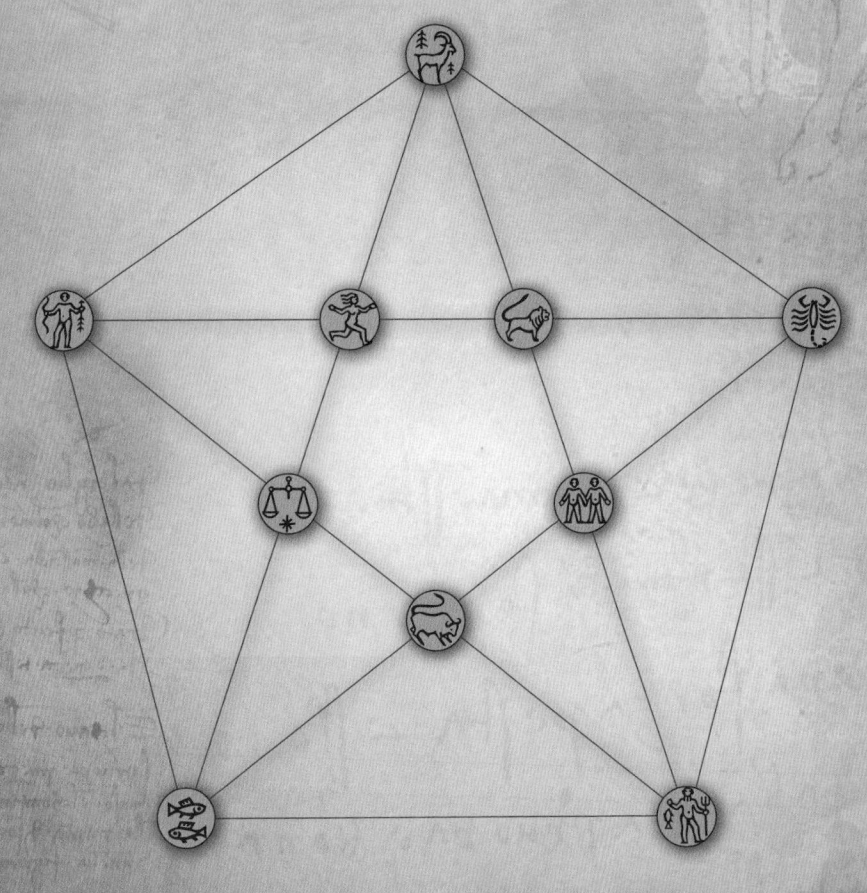

Solution page 205

87

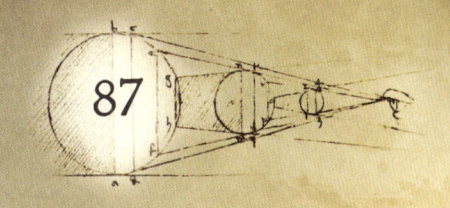

La somme des arts

Déterminez la valeur de chaque tableau et calculez le nombre qui devrait remplacer le point d'interrogation.

				11
				13
				?
				14
12	12	19	11	

Solution page 206

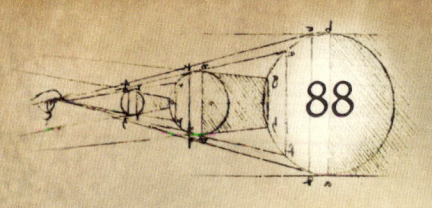

Les pièces manquantes

Le tableau ci-contre est *L'Annonciation*. Cinq morceaux de cette œuvre manquent. Pouvez-vous associer les parties numérotées ci-dessous aux symboles sur le tableau ?

89

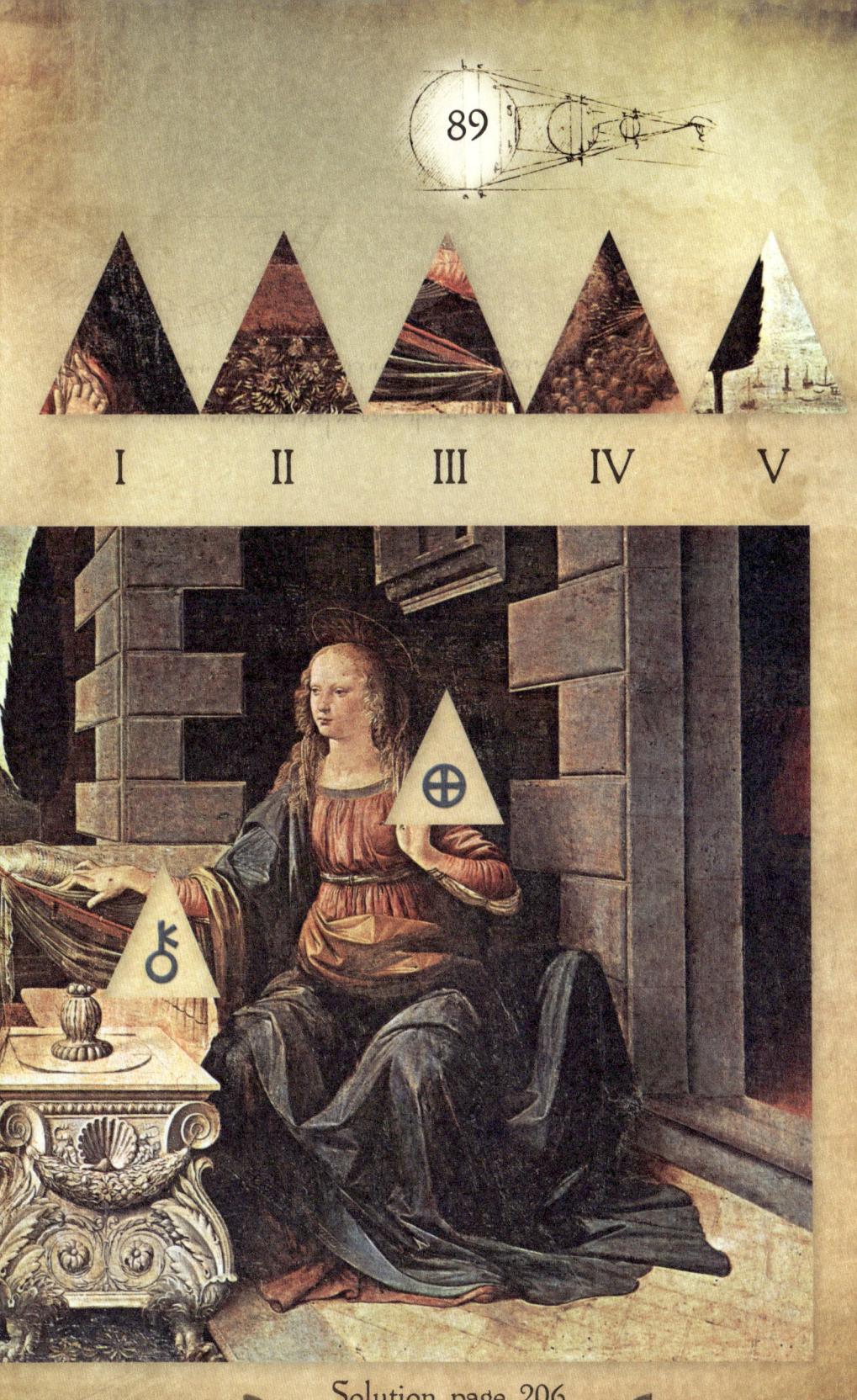

I   II   III   IV   V

Solution page 206

90

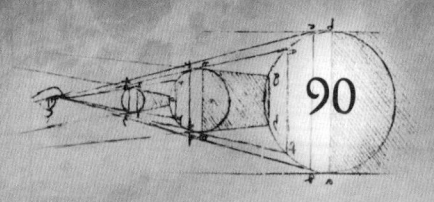

Cognition

Salaì est alarmé de voir que le mur de l'atelier est une fois de plus décoré de roues dentées et de courroies. Il lit une note d'explication du Maître :

« *Joyeux anniversaire, jeune coquin. Ton cadeau est au bout de la chaîne. Veille à tourner correctement la manivelle, sinon le système se coincera.* »

Dans quel sens Salaì doit-il tourner la manivelle pour faire descendre son cadeau ?

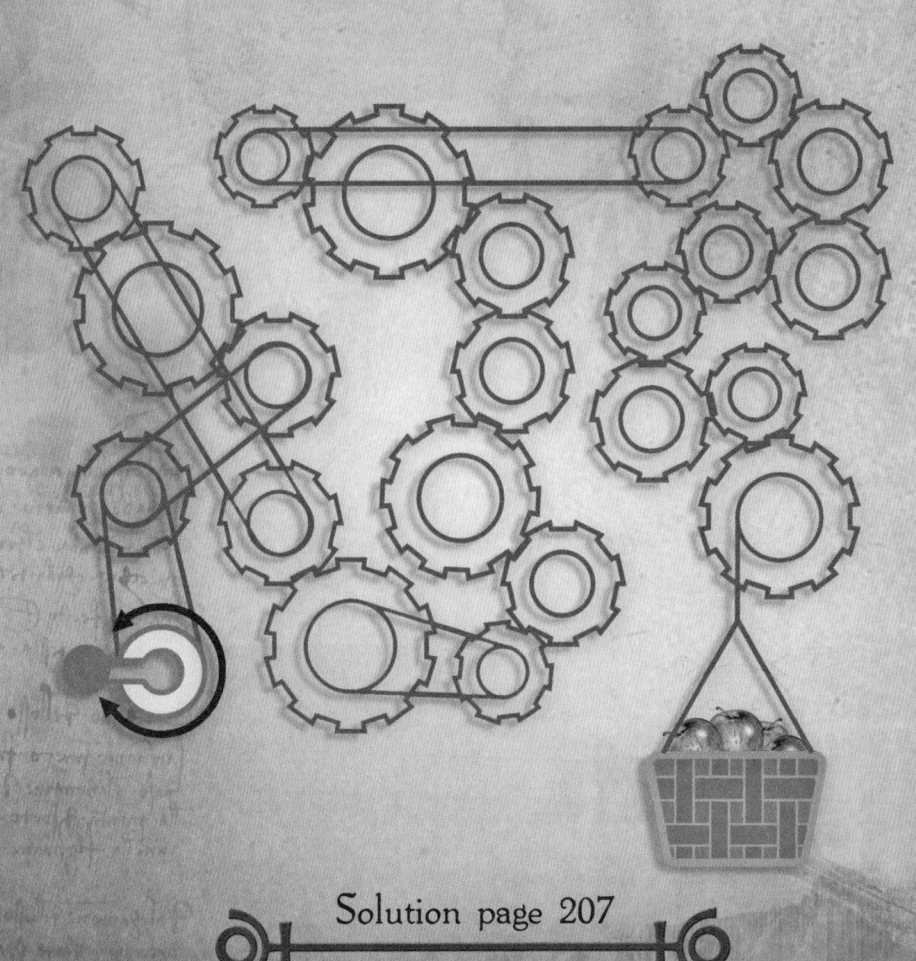

Solution page 207

91

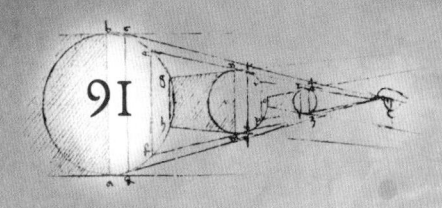

Reconnaissance de formes

Observez la suite de croquis dans cette grille et déterminez lequel devrait se trouver dans le carré vide.

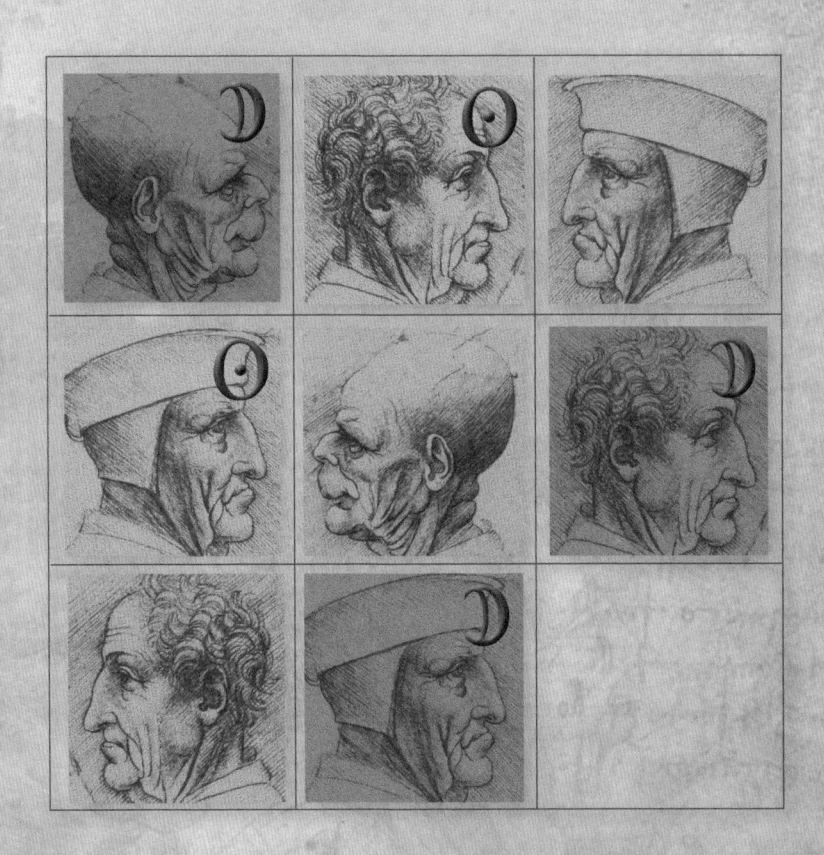

Solution page 207

« Le fer se rouille, faute de s'en servir, l'eau stagnante perd de sa pureté... de même, l'inaction sape la vigueur de l'esprit. »

Léonard de Vinci

Énigmes pour experts

La vie de Léonard fut variée et passionnante. Ses innombrables talents l'ont fait voyager dans toute l'Italie.

En 1482, il créa une lyre (instrument à cordes) en argent, en forme de tête de cheval. Son mécène, Laurent de Médicis, l'envoya offrir l'instrument à Ludovic Sforza, duc de Milan, en cadeau de paix.

C'est à Milan qu'il a peint *La Cène*.

Sorcellerie

Durant l'un des hivers les plus rigoureux de mémoire d'homme, Léonard et Salaì se trouvent dans un village particulièrement hostile dont les habitants s'indignent des opinions peu orthodoxes du Maître.

Ils sont obligés de passer la nuit dans une taverne alors que le village est battu par une tempête de neige. Après quelques chopes d'une bière médiocre, ils sont attaqués par surprise par les villageois. Ceux-ci attachent Léonard, mais libèrent le jeune garçon après que la fille du seigneur les a convaincus qu'il est une victime ensorcelée par le démon de Vinci.

« Quand la cloche du matin sonnera, nous brûlerons l'hérétique ! annonce l'ancien du village.

95

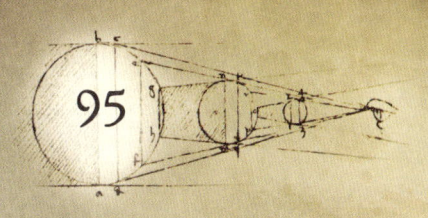

— C'est très aimable à vous, dit Léonard avec un air de défi, je suis surpris que vous puissiez gâcher du bois de chauffage. »

Le lendemain matin est clair et ensoleillé, et tout le village vient assister à l'exécution. Léonard est attaché sur un grand bûcher et un groupe de villageois zélés attend, en cercle, avec des torches.

Un cri retentit. C'est Salaì.

« Un ange m'a visité et m'a dit que la cloche du matin ne sonnerait pas tant que vous retiendriez un homme innocent !

— Quelle bêtise ! dit l'ancien. »
Mais, effectivement, la cloche ne sonne pas et l'exécution doit être remise.

L'échelle qui mène au clocher semble avoir été endommagée pendant la nuit et c'est seulement l'après-midi que les villageois peuvent vérifier si la cloche a été trafiquée.

À leur grand étonnement, elle est en état de marche. Léonard et Salaì sont relâchés et chassés par les villageois frappés d'effroi.

« Il n'y a pas de quoi », dit Salaì avec un grand sourire.
Comment a-t-il sauvé Léonard ?

Solution page 209

96

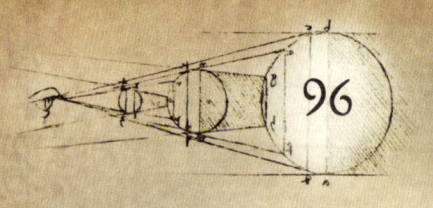

Méfiance

Trois Borgia et trois Médicis se trouvent sur une île et disposent seulement d'une petite barque à deux rameurs pour rejoindre la terre ferme.

La réputation de traîtrise des Borgia pousse les Médicis à exiger que les Borgia ne soient jamais plus nombreux qu'eux sur aucune des deux rives.

Comment peuvent-ils quitter l'île ?

Petite Île

Solution page 209

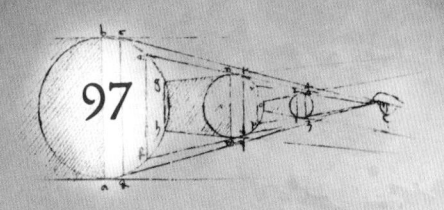

La vérité te libérera ?

Léonard est accusé d'hérésie et emprisonné par un cardinal trop zélé.

Avec son ingéniosité, ce serait un jeu d'enfant de s'échapper de sa cellule et de convaincre les gardes qu'il est un agent du Vatican.

Malheureusement, les gardes ont des instructions du cardinal : l'un ne doit dire que la vérité et l'autre doit toujours mentir. Seul le cardinal sait lequel dit quoi.

Cela ne serait pas une telle calamité, hormis le fait que chacun garde une porte verrouillée, dont l'une mène à une série de tunnels et à la liberté et l'autre à un piège mortel dont on ne peut s'échapper.

Léonard ne peut poser qu'une question, sous peine d'alerter les gardes sur sa véritable identité.

Quelle question doit-il poser ?

Solution page 209

Leonardo-ku

Pouvez-vous inscrire ces neuf symboles astrologiques dans la grille ci-dessous afin que chaque ligne, chaque colonne et chaque carré de 3 × 3 cases contiennent les neuf symboles, sans répétition ?

Solution page 210

Les chapeaux

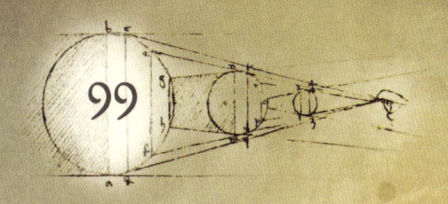

Léonard a un entretien avec quatre apprentis potentiels : Alberto, Benito, Caspar et Donatello. Il les fait tous asseoir, yeux fermés, et place un chapeau sur la tête de chacun.

« Il y a deux chapeaux noirs et deux chapeaux blancs », leur dit-il. Puis, il place les garçons de manière à ce que Benito et Donatello ne puissent voir aucun des autres.

Alberto ne peut voir que Benito et Caspar ne peut voir qu'Alberto et Benito.

« Le premier qui peut me dire la couleur du chapeau qu'il porte sera mon apprenti. Maintenant, ouvrez les yeux. » Après un silence embarrassé, un garçon finit par parler et donne la bonne réponse.

Qui devient l'apprenti ?

Solution page 210

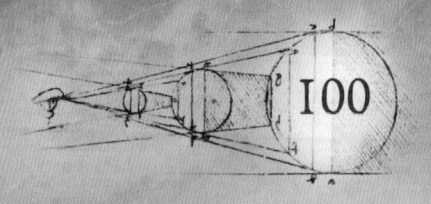

Encore des chapeaux

La rumeur de l'utilisation des chapeaux par Léonard pour sélectionner les candidats se répand rapidement. Un marchand local devant choisir un apprenti parmi trois candidats demande à Léonard de l'aider.

« Voici Estefan, Ferdinand et Gabriel. Ce sont trois garçons intelligents, mais je ne peux hélas en employer qu'un. »

Léonard les invite dans son atelier et annonce :
« J'ai cinq chapeaux, trois noirs et deux blancs. »

Il les fait tous asseoir, yeux fermés, place un chapeau sur la tête de chacun et range les deux chapeaux restants dans un coffre.

« Vous pouvez ouvrir les yeux maintenant. Qui peut me dire la couleur du chapeau qu'il porte ? »

Estefan ouvre les yeux et regarde autour de lui avant de reconnaître :
« Je n'en ai aucune idée. »

Ferdinand fait exactement la même chose.

Gabriel n'ouvre pas les yeux, mais dit avec un sourire ravi :
« Mon chapeau est noir ! »

Comment le sait-il ?

Solution page 211

101

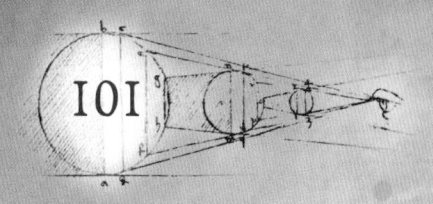

Du plomb dans l'or

Un client de Léonard lui passe une commande et lui verse un acompte de neuf pièces d'or.

Le client est un escroc notoire, connu pour toujours glisser une fausse pièce dans ses règlements.

Ces fausses pièces sont légèrement plus lourdes que les vraies.

« Puis-je vérifier les pièces ? demande Léonard.

— Faites vite, Vinci, je n'ai pas toute la journée », répond sournoisement le client.

Léonard sort une balance.
« Je dois simplement prendre deux mesures. »

Que fait Léonard ensuite ?

Solution page 212

102

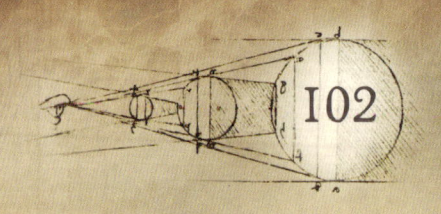

Les pièces manquantes

Le tableau ci-dessous est *La Cène*. Cinq morceaux de cette œuvre manquent. Pouvez-vous associer les parties numérotées ci-dessous aux symboles sur le tableau ?

103

I   II   III   IV   V

Solution page 212

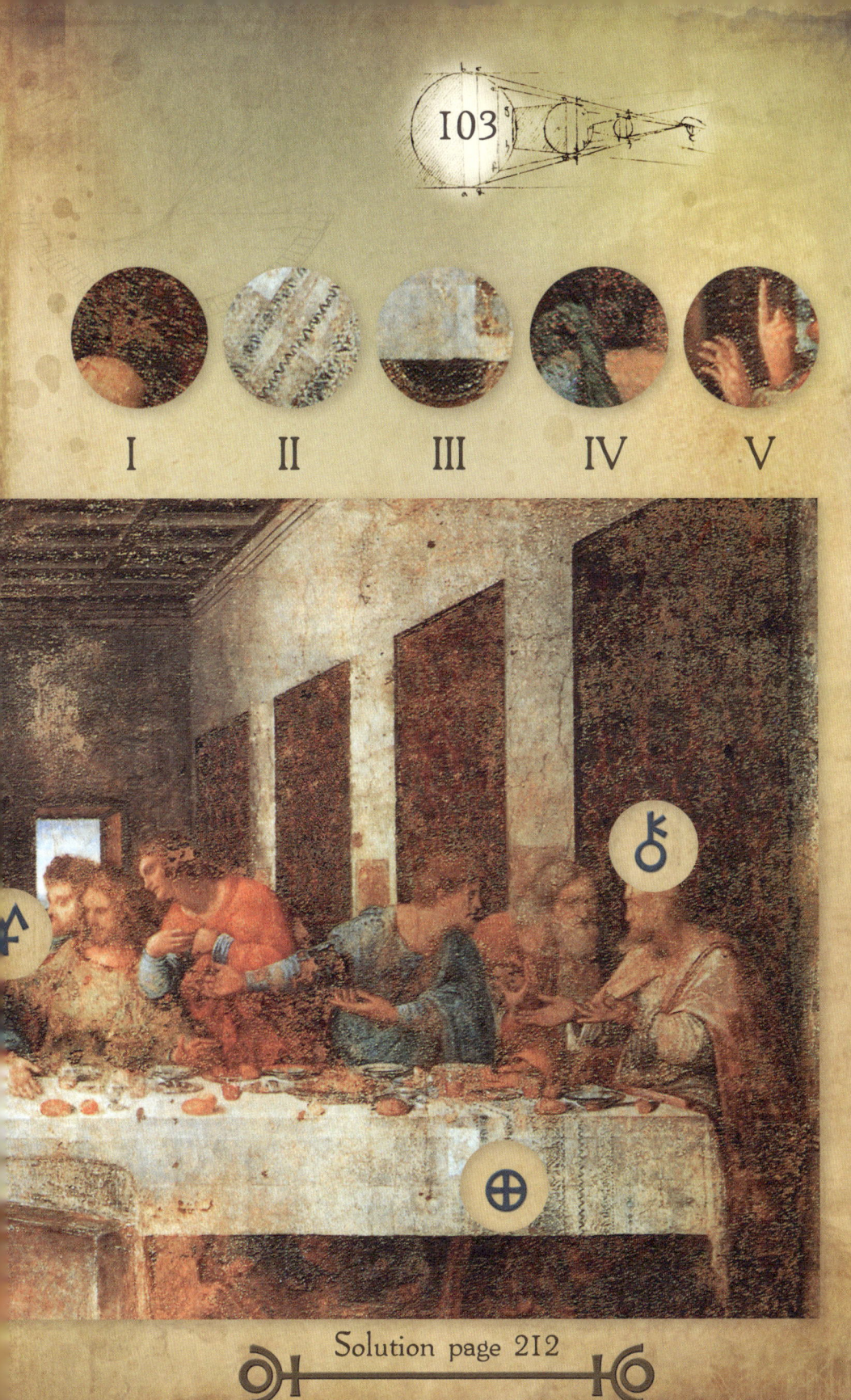

104

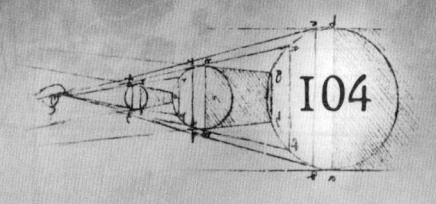

Quelque chose à partir de rien

« Vos machines de guerre sont très bien, Vinci, mais Florence a besoin d'hommes, dit Médicis.

— Peut-être la duperie l'emportera-t-elle où le nombre fait défaut, dit Léonard avec un air songeur.

— Que voulez-vous dire ?

— Je peux transformer deux lignes de cinq soldats en cinq lignes de quatre soldats.

— Vous êtes en train de dire que vous pouvez faire tomber des hommes du ciel ?

— Hélas, non, mais une dispersion véridique, bien qu'elle soit trompeuse, de nos forces pourrait donner à nos ennemis matière à réflexion. »

Que va faire Léonard ?

Solution page 213

105

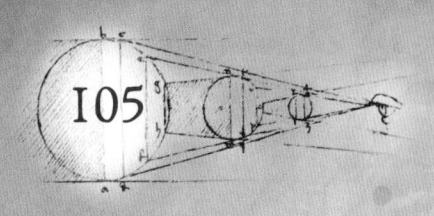

La dernière paille

Les deux fils Borgia se disputent à nouveau les bonnes grâces de leur père. Rodrigo pose 11 brins de paille devant eux.

« Un pour chacun des fidèles disciples, dit-il sèchement. Chacun votre tour, vous prendrez un, deux ou trois brins de paille. Celui qui prend le dernier n'aura *pas* ma faveur. »

Il fait signe à Cesare de commencer.

Combien de brins de paille doit-il prendre ?

Solution page 213

106

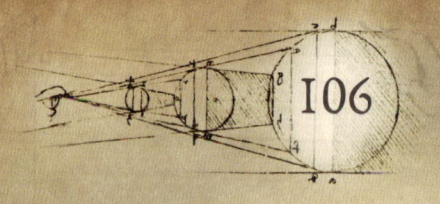

Jeu de dames

Une sortie à la taverne avec Léonard est souvent distrayante – et enrichissante.

Avant qu'il ait avalé sa première bière de la soirée, Léonard est déjà entouré par des spectateurs curieux, prêts à lancer des paris.

« J'ai ici quatre pions blancs et quatre pions noirs. Est-ce que quelqu'un peut les aligner, en alternant les couleurs, en n'utilisant que deux doigts et quatre mouvements ? »

I II III IV V VI VII VIII

Solution page 214

Leonardo-ku

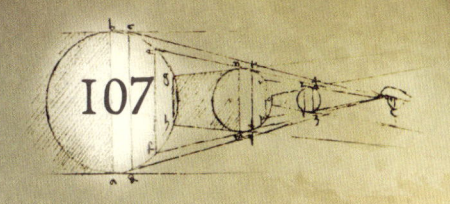

Pouvez-vous inscrire ces neuf symboles astrologiques dans la grille ci-dessous afin que chaque ligne, chaque colonne et chaque carré de 3 × 3 cases contiennent les neuf symboles, sans répétition ?

Solution page 215

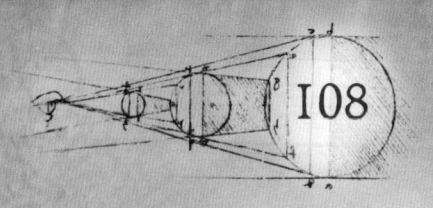

Pichets

Plus tard, à la taverne, Léonard aligne six pichets : trois pichets pleins suivis de trois pichets vides.

« Je parie que je peux redisposer ces pichets de manière à ce qu'ils alternent, vide puis plein, en ne touchant qu'un pichet. »

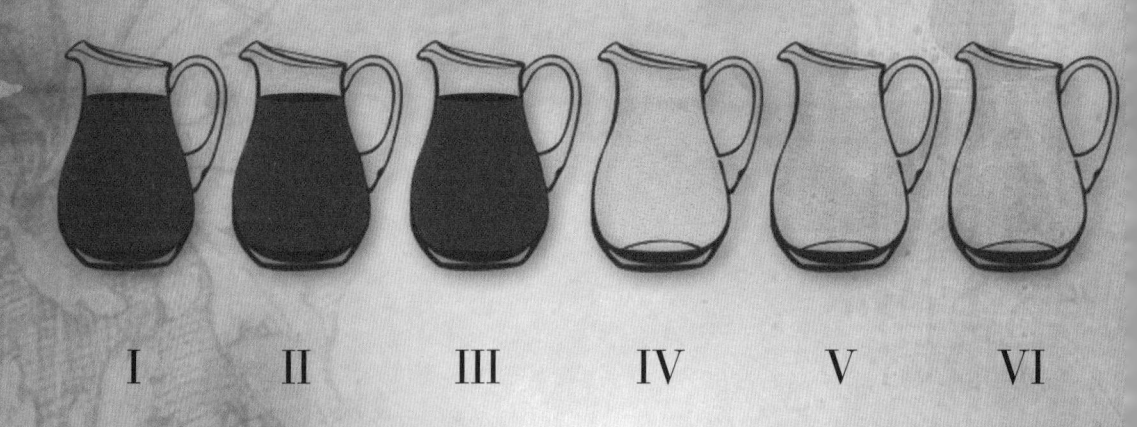

    I   II   III   IV   V   VI

Un tumulte se fait parmi la clientèle ivre qui se bouscule pour poser la mise de son pari sur la table de Léonard. Salaì surveille attentivement les pièces.

« Mon Dieu, que les Florentins sont faciles à duper », hoquète-t-il.

Solution page 216

Le héraut

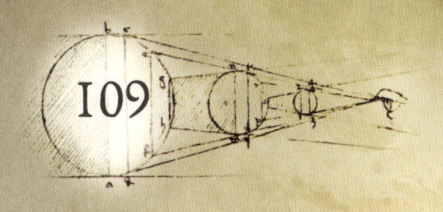

Deux armées sont distantes de 120 sillons et marchent l'une vers l'autre à un rythme de 10 sillons par heure.

Dès qu'ils commencent à marcher, un héraut part d'une armée au galop vers l'autre armée et fait des allers et retours continuels entre les deux lignes de bataille qui se rapprochent à une vitesse de 80 sillons par heure.

Quelle distance le héraut a-t-il parcourue quand les deux armées se heurtent ?

Solution page 217

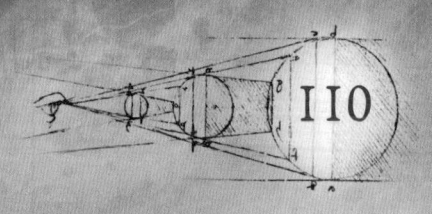

Batailles

Un seigneur part en campagne avec son armée. Après chaque bataille, il fait le compte des morts et découvre qu'il a perdu la moitié, plus dix, du nombre de soldats qu'il avait au début de la bataille.

Il en va de même pour les cinq batailles de la campagne.
À la fin, il a perdu la totalité de ses hommes.

Combien d'hommes a-t-il emmenés en guerre au début de la campagne ?

Solution page 217

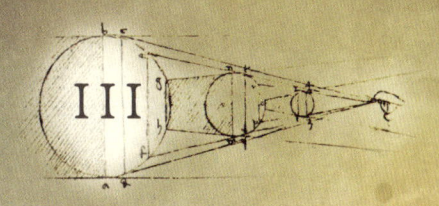

Partage de terre

Quatre cardinaux se disputent une terre. Ils demandent l'arbitrage du pape.

Chaque cardinal exige que sa région soit de même taille et de même forme que les trois autres.

Comment le pape doit-il partager la terre ?

Solution page 218

112

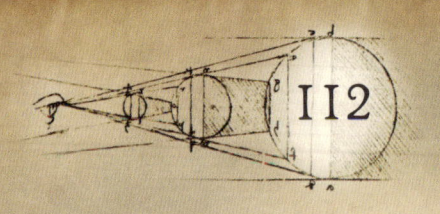

Le trésor caché

Les inventions les plus secrètes de Léonard sont cachées dans un coffre derrière un curieux portrait à double face, composé de 16 carreaux et doté d'un mécanisme ingénieux.

En tirant une manette, tous les carreaux d'une rangée ou d'une colonne se retournent et révèlent les parties de l'autre portrait.

Les manettes sont désignées par des lettres. Si l'on tire une mauvaise combinaison de manettes, une charge de poudre est mise à feu – pour détruire les secrets et éventuellement le curieux.

Quelle est, à votre avis, la combinaison la plus vraisemblable ?

R

A

O

L

Solution page 219

113

S   N   D   I

114

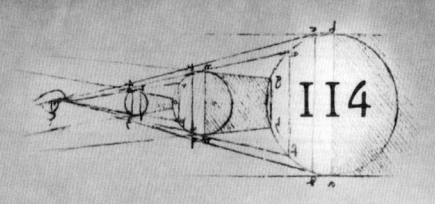

Hérésie

« Dieu Tout-Puissant a décrété que vos péchés retomberont sur vous. Nombres 32,23 », psalmodie l'Inquisiteur sur un ton menaçant.

Léonard ne dit rien. L'Inquisiteur brandit un sac en tissu noir.
« Et l'ange jeta sa faucille sur la terre et vendangea la vigne de la terre, et jeta les raisins dans la grande cuve de la colère de Dieu. Révélation 14,19. Dans ce sac, il y a deux grappes de raisin, l'une blanche et l'autre noire. Si vous tirez la grappe blanche, le Seigneur vous a jugé innocent.
Si vous tirez la noire, vous serez brûlé comme hérétique. »

Léonard tend la main vers le sac. Le regard malveillant de l'Inquisiteur confirme son soupçon que les deux grappes sont noires.

Mais on n'accuse pas un Inquisiteur de mentir.

Il plonge la main dans le sac et murmure : « Matthieu 15,11. »

Comment Léonard peut-il éviter le bûcher ?

Solution page 220

115

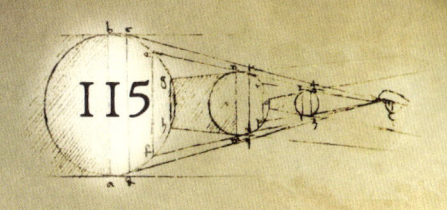

Les espions

Cesare Borgia envoie trois espions se renseigner sur le nombre de sympathisants des Français qui vivent dans la région.

« Ils sont 50 ou plus, dit le premier espion.

— Je ne suis pas de cet avis, mon Seigneur. Ils sont moins de 50 », dit le deuxième espion.

Le troisième hoche la tête. « Il y en a au moins un. »

Si un seul des espions dit la vérité, combien de sympathisants des Français Borgia aura-t-il à affronter ?

Solution page 220

116

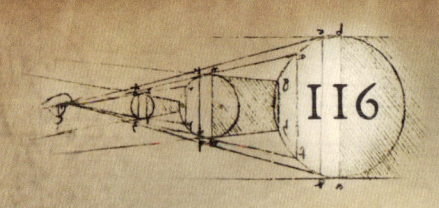

Les pièces manquantes

Inutile de présenter le tableau ci-contre. Cinq morceaux de cette œuvre manquent. Pouvez-vous associer les parties numérotées ci-dessous aux symboles sur le tableau ?

I

II

III

IV

V

VI

Solution page 221

117

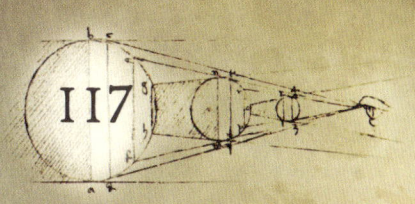

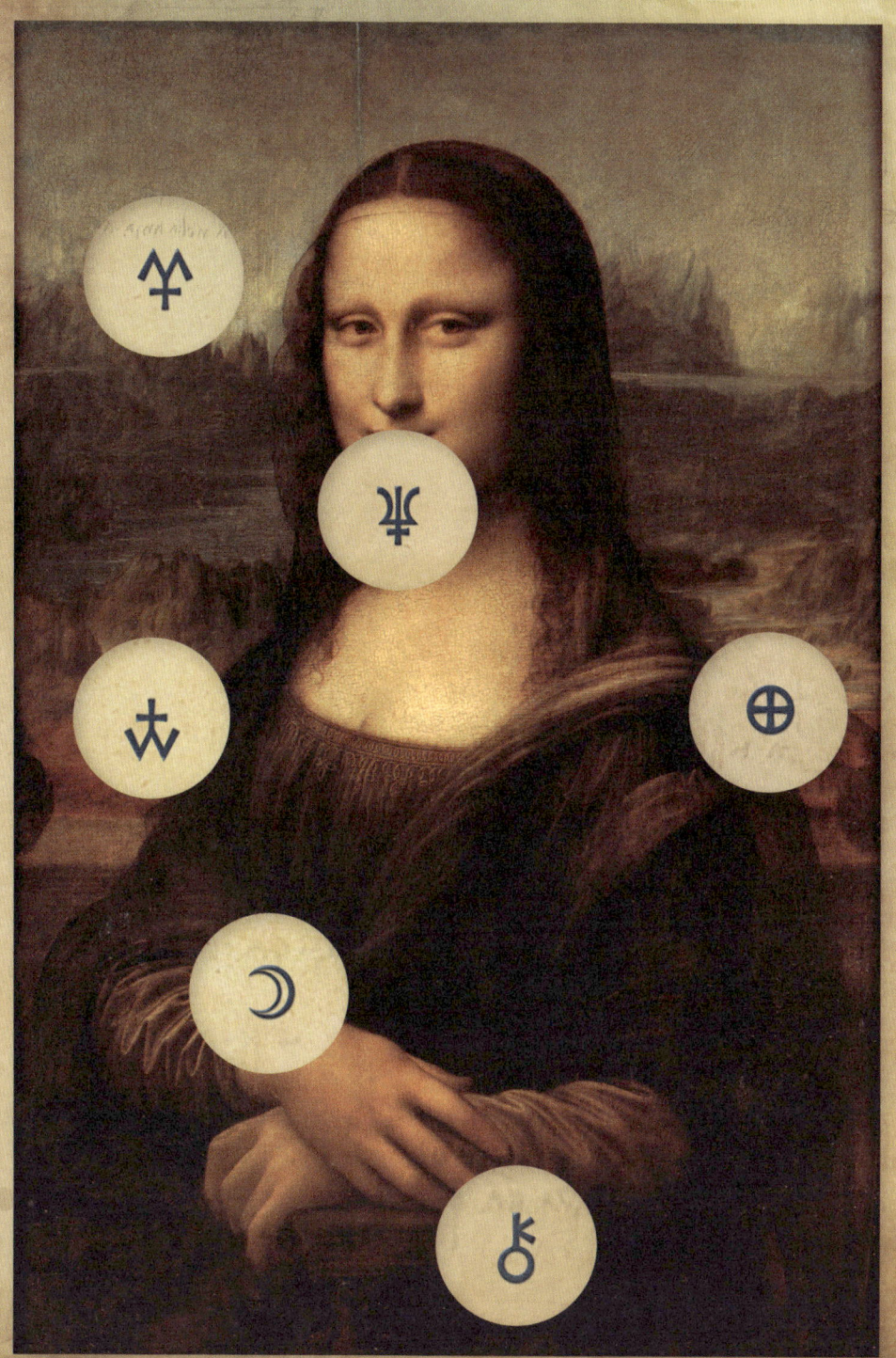

118

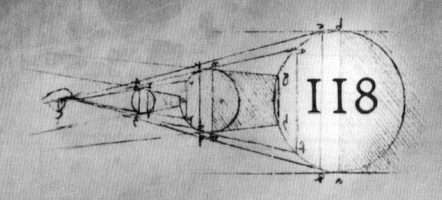

Une prophétie qui se réalise

Pouvez-vous emplir les blancs avec des chiffres de 1 à 9 ?

Le chiffre 1 apparaît ... fois

Le chiffre 2 apparaît ... fois

Le chiffre 3 apparaît ... fois

Le chiffre 4 apparaît ... fois

Le chiffre 5 apparaît ... fois

3

1 2 3

1 2 3 4 5

Solution page 222

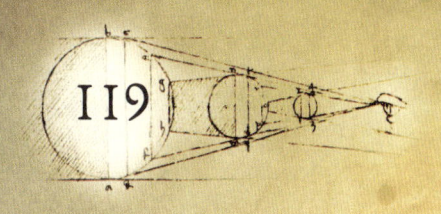

Mille jours de péché

Un moine arrive dans une ville pour y prêcher une nouvelle hérésie.

Le premier jour, une personne vient écouter son sermon et tombe sous le charme du prédicateur.

Le deuxième jour, deux autres se joignent à la congrégation. Le troisième jour, deux autres les rejoignent, le quatrième jour, trois de plus, et ainsi de suite.

Au bout de mille jours, combien y a-t-il d'hérétiques dans la ville ?

Vous découvrirez qu'il est bon d'aborder certains problèmes par les deux bouts dès le début.

Solution page 222

Leonardo-ku

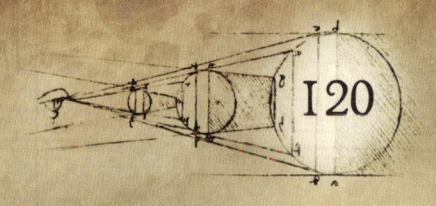

Pouvez-vous inscrire ces neuf symboles astrologiques dans la grille ci-dessous afin que chaque ligne, chaque colonne et chaque carré de 3 × 3 cases contiennent les neuf symboles, sans répétition ?

Solution page 223

Un tour de manège

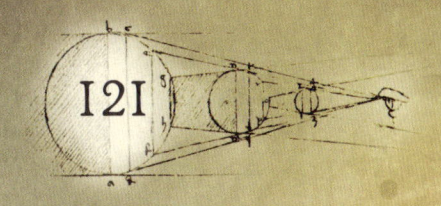

Prenez deux pièces de taille égale et posez-les côte à côte, bord contre bord. Maintenez une pièce en place et faites tourner la seconde autour de la circonférence de la première en maintenant celle-ci immobile.

Combien la seconde pièce aura-t-elle fait de révolutions avant de retrouver sa position initiale ?

Solution page 224

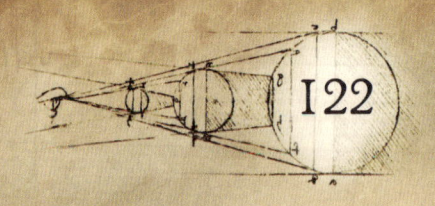

Salle de garde

Deux seigneurs ennemis vivent dans deux royaumes voisins, dont les capitales (Sinistra et Destra) sont séparées par une rivière. La seule possibilité de traverser la rivière est un unique pont, mais, après le dernier tour d'hostilités, les deux parties ont décidé d'un commun accord que personne n'utiliserait ce pont pour voyager entre les deux pays.

Au centre du pont se dresse une tour dans laquelle un unique garde est chargé de faire respecter la séparation. Il a pour instructions de sortir de la tour toutes les six minutes et de renvoyer tout passant vers son royaume ou de faire usage de son arbalète sur un fou qui oserait enfreindre la règle.

Le pont ne peut être traversé qu'à pied et il faut douze minutes pleines.

Cependant, Léonard a un besoin urgent de se rendre de Sinistra à Destra.

Comment son ingéniosité lui fera-t-elle passer le pont ?

Solution page 224

Une occasion en or

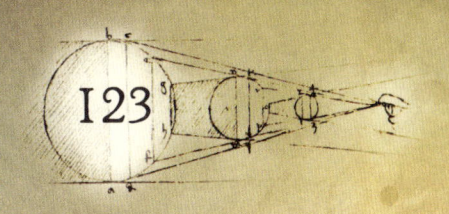

« Connais-tu la probabilité, mon ami ?

— Évidemment, répond Salaì. Je ne suis plus l'enfant qui ne sait pas compter que vous avez pris dans votre atelier. Je sais que si je joue à pile ou face, la probabilité que la pièce tombe sur face est d'une sur deux et que si je lance un dé la chance d'obtenir un chiffre donné est d'une sur six.

— Exactement, dit Léonard avec le sourire énigmatique que Salaì ne connaît que trop bien. Réfléchis. J'ai ici un sac contenant quatre pièces – une de cuivre, une d'argent et deux d'or.
Je tire deux pièces et l'une est en or. Quelle est la probabilité que l'autre pièce soit également en or ? »

Solution page 225

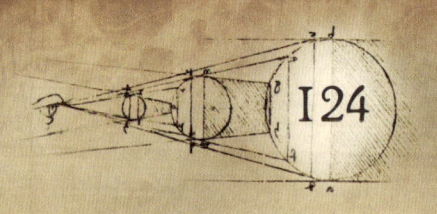

Sacs de pièces

« Regarde, maintenant j'ai deux sacs de pièces », dit Léonard.

Salaì glousse.
« Maître, la plupart des gens emportent leurs bourses au marché ou se lancent dans le prêt sur gage. Vous êtes le seul homme que je connais qui les utilise pour un exercice mental.

— Sois attentif, jeune coquin, dit Léonard, bien que son élève ne soit plus si jeune ni particulièrement coquin. Chaque sac contient trois pièces d'or, trois d'argent et trois de cuivre. Sans regarder dans le premier sac, je vais en tirer autant de pièces que je peux en laissant toutefois assez de pièces pour être sûr qu'il en reste une de chaque sorte. Je vais mettre dans le second sac les pièces prises dans le premier.

De même, sans regarder, je vais transférer un très petit nombre de pièces du second sac dans le premier pour être sûr qu'il y aura deux pièces de chaque sorte dans le premier sac.

Dis-moi combien de pièces restent dans le second sac. »

Solution page 226

125

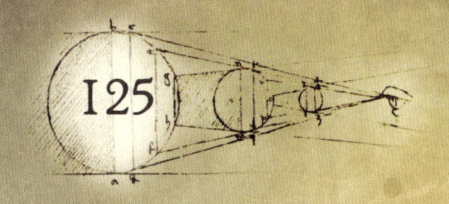

L'erreur est humaine

On pense que Léonard a volontairement inclus des erreurs dans ses notes et diagrammes afin qu'on ne puisse voler ses idées.

Observez la suite de chiffres ci-dessous : qu'est-ce qui cloche ?

$$0 \to 1 \to 1 \to 2 \to 3 \to 5 \to 8 \to 13 \to 22 \to 34 \to 55 \to 89 \to 144$$

Solution page 226

126

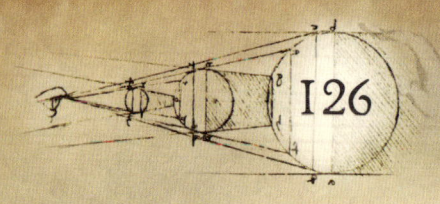

Les pièces manquantes

Le tableau ci-contre est *La Dame à l'hermine*. Six morceaux de cette œuvre manquent. Pouvez-vous associer les parties numérotées ci-dessous aux symboles sur le tableau ?

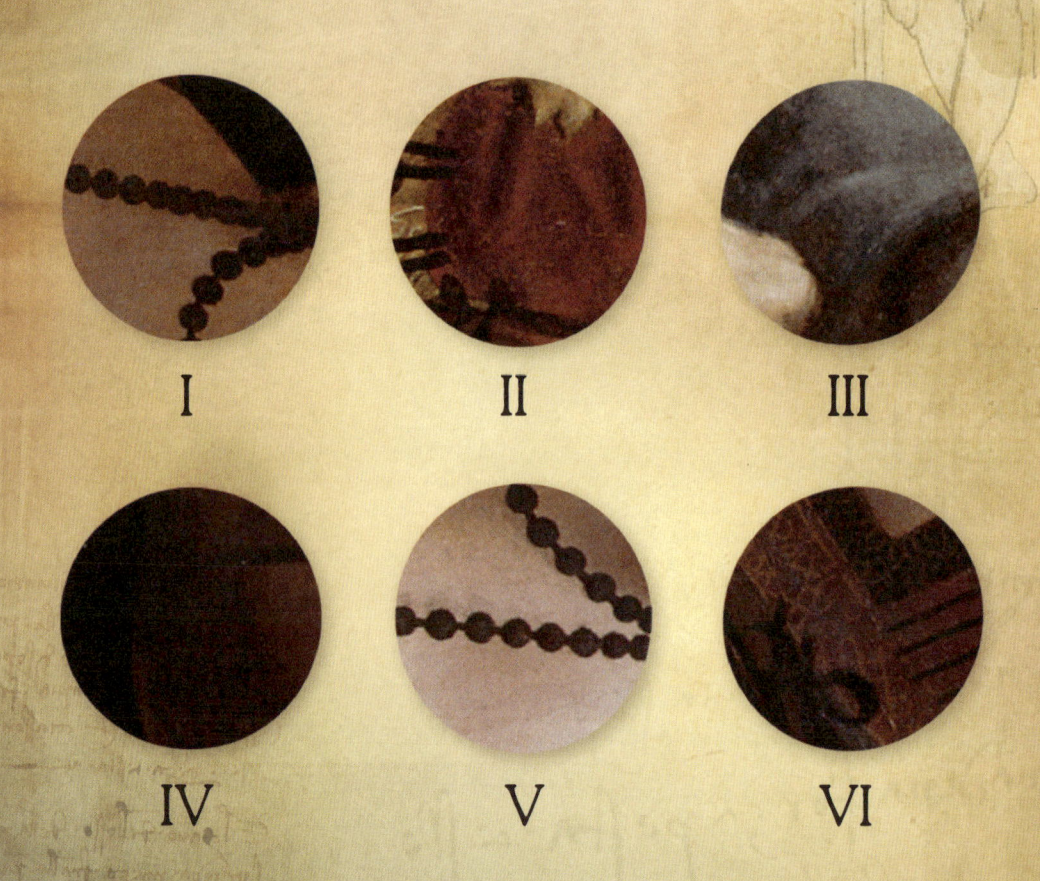

I   II   III

IV   V   VI

Solution page 227

127

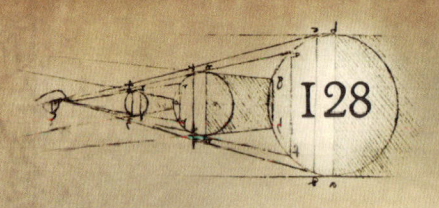

Contre-mesures

Léonard a conçu un nouvel engin pour protéger son sanctuaire intime : une balance à trois pivots.

Quand tous les poids sont appliqués, si tout le mécanisme est en équilibre, la porte intérieure s'ouvre ; sinon, les intrus potentiels se trouvent piégés eux-mêmes.

Les poids ne sont pas marqués, donc Léonard et ses compagnons de confiance doivent se souvenir que les huit poids sont disposés comme ci-dessous.

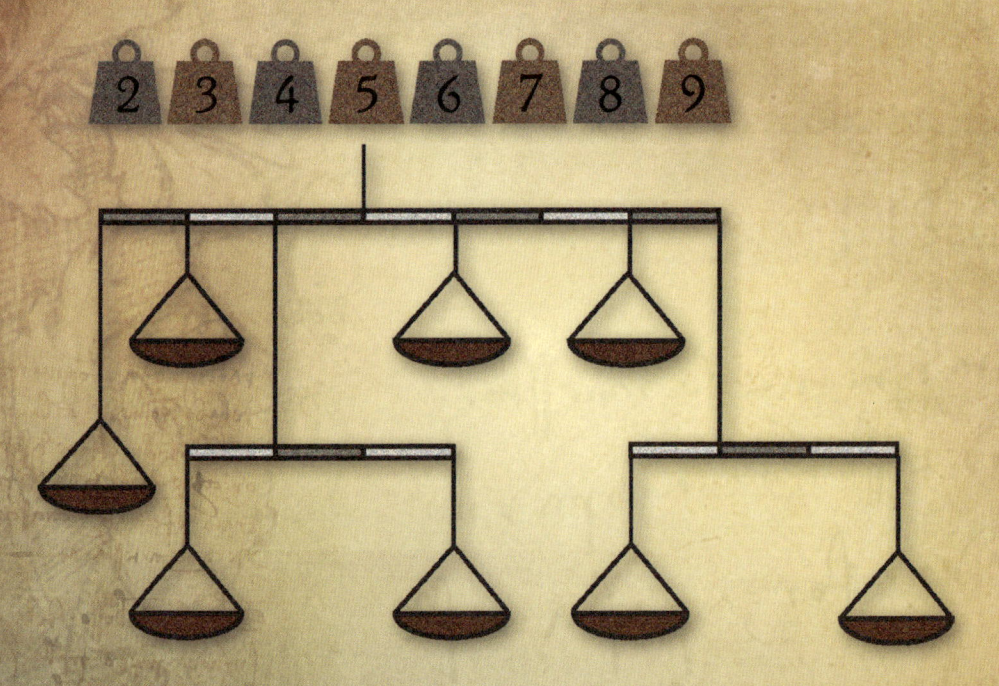

Comment les poids sont-ils posés sur la balance pour que tous les plateaux soient en équilibre ?

Solution page 228

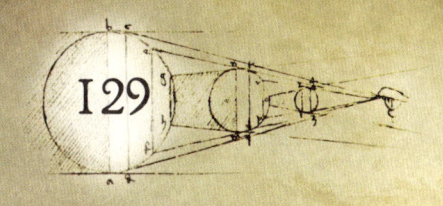

Comptes secrets

Les comptes des Médicis sont codés, mais leur cryptographie est un jeu d'enfant pour Léonard.

En examinant la somme ci-dessous, il conclut que les symboles représentent les chiffres de 1 à 4.

Sachant cela, pouvez-vous donner la valeur de chaque symbole ?

Solution page 228

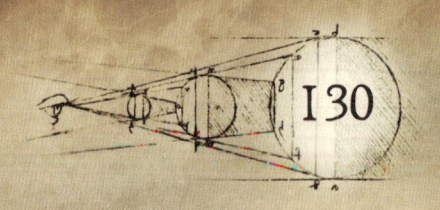

Territoires

Le duc contemple une carte de son territoire. Il appelle Léonard à l'aide.

« Ceci est un casse-tête, dit le duc. Il est essentiel qu'aucune faction n'acquière trop d'influence dans une région ou dans les districts avoisinants. »

Pouvez-vous inscrire les six symboles suivants afin qu'un seul soit présent dans chaque zone colorée et un seul dans chaque rangée et chaque colonne ?

♠ Nobles

❖ Marchands

✍ Universitaires

✝ Religieux

⚖ Hommes de loi

🙢 Artisans

Solution page 229

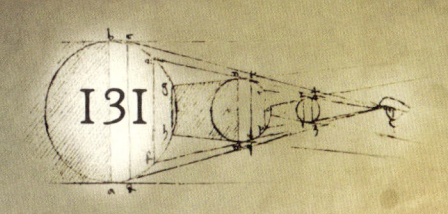

Montagne

École crivez un nombre dans chaque case afin que la valeur de chaque paire de cases additionnées donne le nombre de la case supérieure.

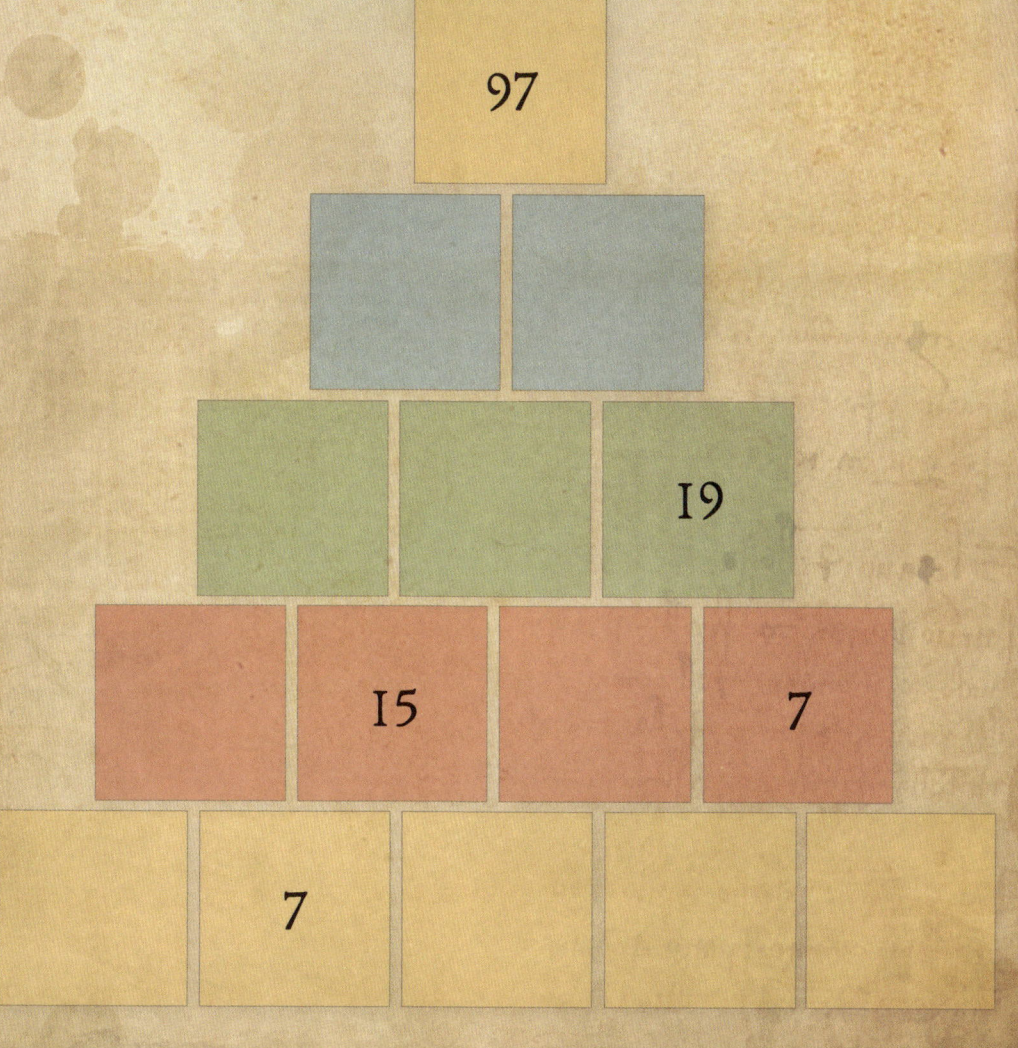

			97			
			19			
	15				7	
	7					

Solution page 230

« L'ignorance nous aveugle et nous égare. Ouvrez les yeux, pauvres mortels. »

Léonard de Vinci

Énigmes pour maîtres

Bien que peu de peintures de Léonard aient survécu, son héritage nous fascine toujours.

On se souvient de lui comme d'un maître de la peinture, un sculpteur et un inventeur, mais tous ses talents sont nés de sa curiosité insatiable et de sa passion pour la résolution des énigmes.

Une anecdote tirée de l'enfance de Léonard résume sa motivation : il se rappela une excursion dans les montagnes où il découvrit une grotte sombre. Son imagination lui suggéra un monstre horrible, mais sa curiosité de découvrir ce qu'il y avait dans la grotte fut plus forte que sa peur.

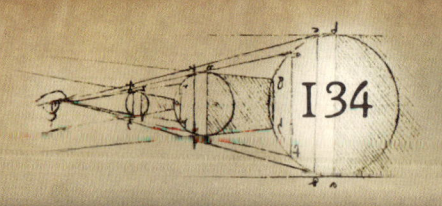

Pliage

Salaì plie un morceau de parchemin, une facture pour un client.

« Dis-moi, Salaì, s'il était possible de plier ce parchemin 30 fois, est-ce qu'il tiendrait toujours dans cette pièce ? »

Salaì cligne des yeux. La question paraît absurde.

Solution page 232

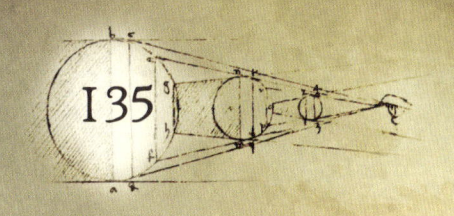

Paradoxe

« Imagine que tu fais la course avec une tortue, dit Léonard.

— Avec une tortue, Maître ?

— Parfaitement. Donnons à la tortue une avance de 1 000 pieds pour que l'affaire soit juste…
Nous partirons du principe que tu peux courir 10 fois plus vite que la tortue. C'est un individu assez agile pour son espèce. La course commence. Quand tu auras parcouru 1 000 pieds, la tortue aura 100 pieds d'avance sur toi. Quand tu auras couvert les 100 pieds suivants, la tortue sera 10 pieds devant.

Donc, jeune coquin, rattraperas-tu jamais la tortue ? »

Solution page 232

136

Un code pour Vinci

Léonard reçoit un message mystérieux, ainsi rédigé :

Isaïe 24, 16 Faisanderez cocpz

Un message codé –
comment démêler sa signification ?

Solution page 233

Leonardo-ku

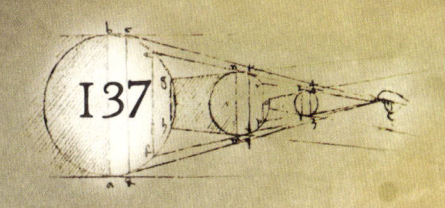

Pouvez-vous inscrire ces neuf symboles astrologiques dans la grille ci-dessous afin que chaque ligne, chaque colonne et chaque carré de 3 × 3 cases contiennent les neuf symboles, sans répétition ?

Solution page 233

Le second message

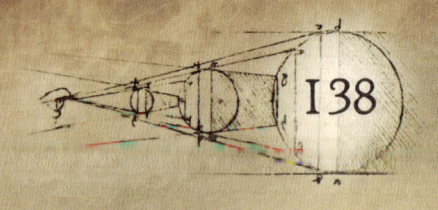

Un second message arrive à l'atelier de Léonard, aussi énigmatique que le premier.

Exode 25, 3   Vralnet ci-demis

Solution page 234

139

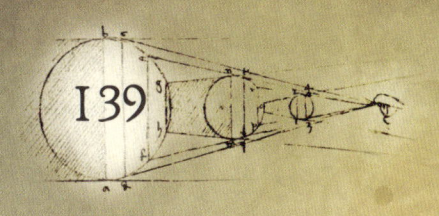

En espèces

Laurent de Médicis aime récompenser ses fidèles lieutenants avec de la monnaie trébuchante. Il a neuf seigneurs à distinguer et 44 florins d'or alloués par le Trésor.

Pour encourager une saine compétition, le duc souhaite donner une somme différente à chaque seigneur.

Est-ce possible ?

Solution page 234

140

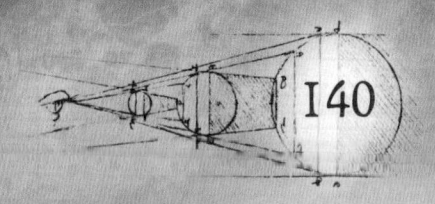

Les pièces manquantes

Le tableau ci-contre est *Sainte Anne, la Vierge et l'Enfant Jésus bénissant saint Jean-Baptiste*. Cinq morceaux de cette œuvre manquent. Pouvez-vous associer les parties numérotées ci-dessous aux symboles sur le tableau ?

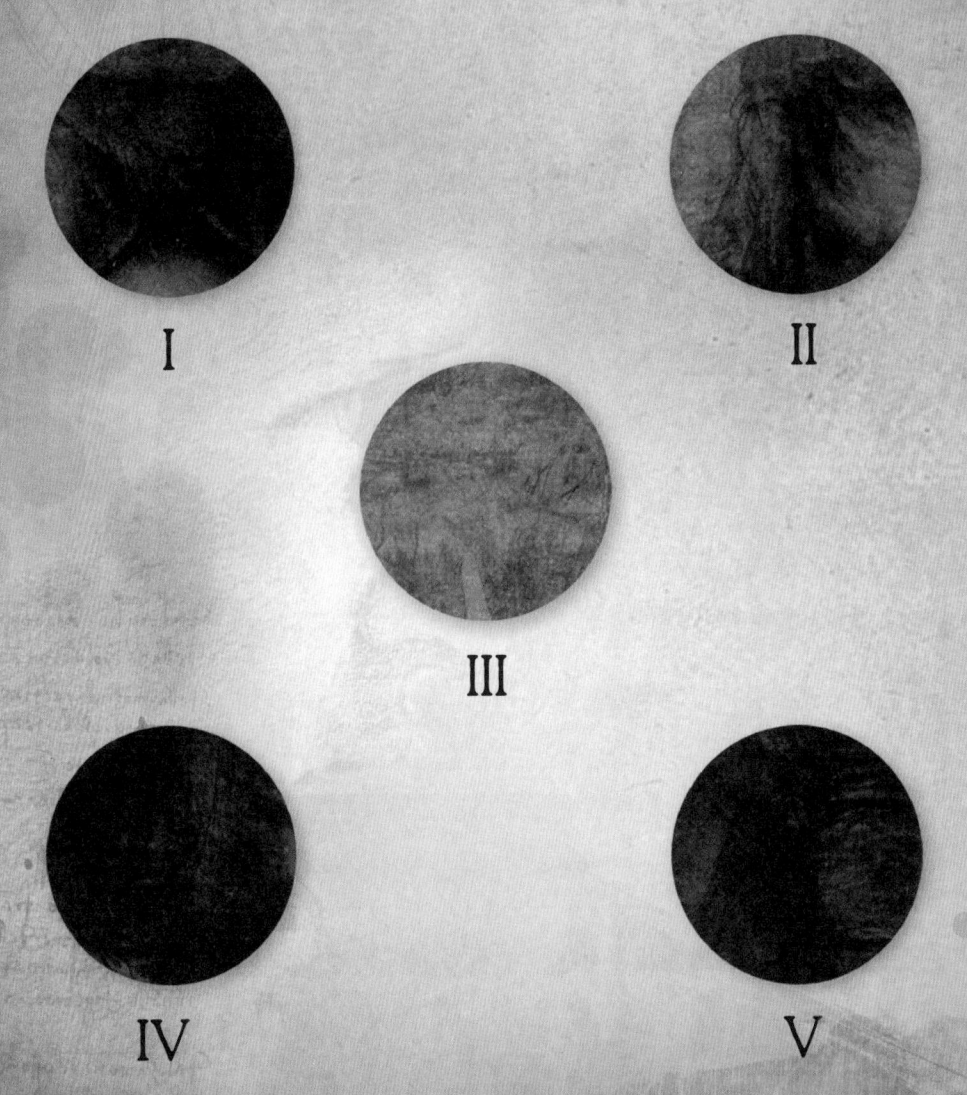

I

II

III

IV

V

141

Solution page 235

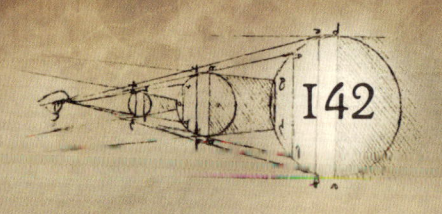

Le message révélé

Le troisième message fait sourire Léonard.

« Je crois savoir qui a envoyé ces messages codés », dit-il.

Proverbes 5, 13
Addarleen covverrich

Solution page 236

Polygone

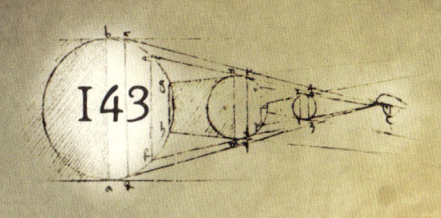

Léonard propose un exercice à ses nouveaux élèves.

« Au centre de votre parchemin, dessinez un cercle d'un diamètre d'un centimètre. Puis circonscrivez au cercle un triangle équilatéral. Puis circonscrivez un autre cercle au triangle. Ensuite, circonscrivez un carré au deuxième cercle.
Un troisième cercle, puis un pentagone régulier. Continuez ainsi, en augmentant à chaque fois d'un côté le nombre de côtés du polygone régulier.

Si vous deviez répéter ce processus, en ajoutant des cercles et des polygones plus grands, quelle serait approximativement la taille du parchemin dont vous auriez besoin ? »

Solution page 236

144

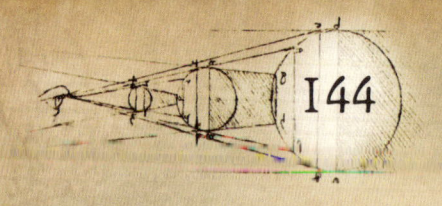

L'homme de Vitruve

Les images ci-dessous forment des paires identiques – à l'exception d'une qui appartient à un triplet. Pouvez-vous la trouver ?

Solution page 237

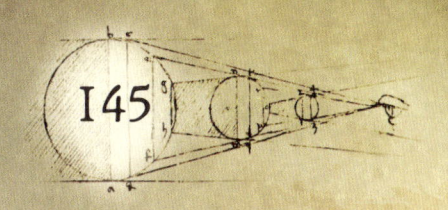

Pentagones

Q ue signifie chaque symbole ?

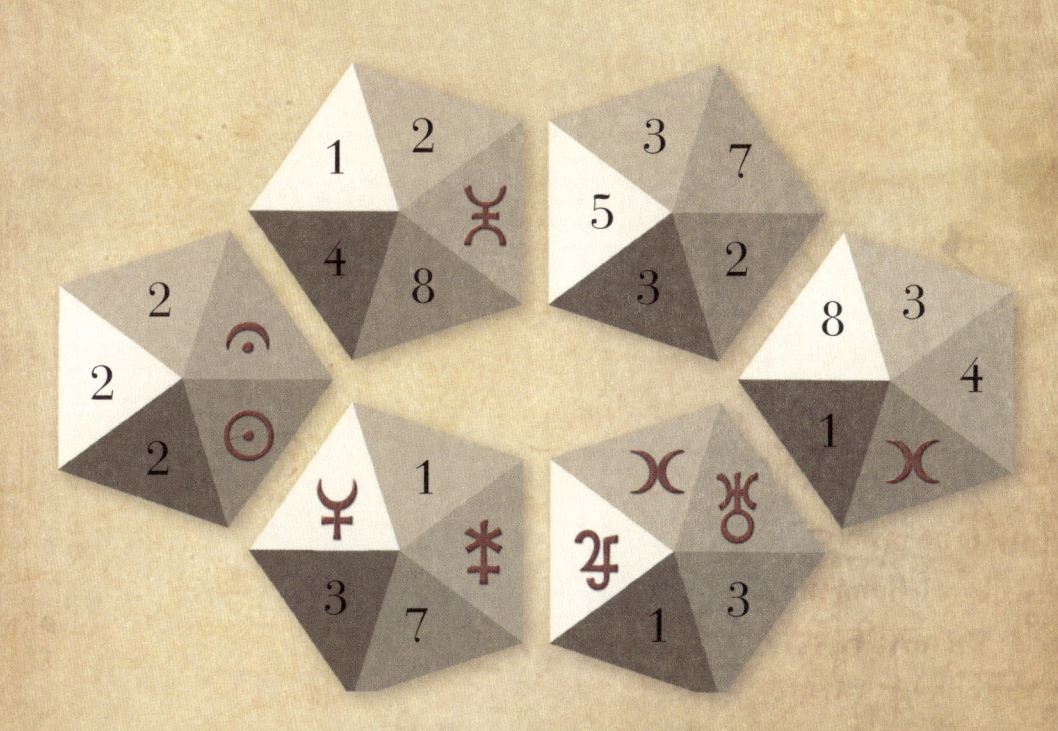

Solution page 238

146

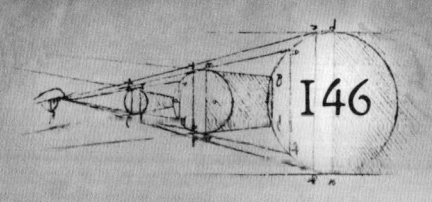

Un royaume divisé

Rodrigo Borgia divise un domaine entre ses enfants qui sont en rivalité, Giovanni, Cesare, Lucrezia et Gioffre.

Chaque enfant exige une région de la même taille et de la même forme que ses frères et sœur et qui doit comporter une église, un donjon, un moulin et une ville.

Aidez-le à définir les frontières entre les royaumes.

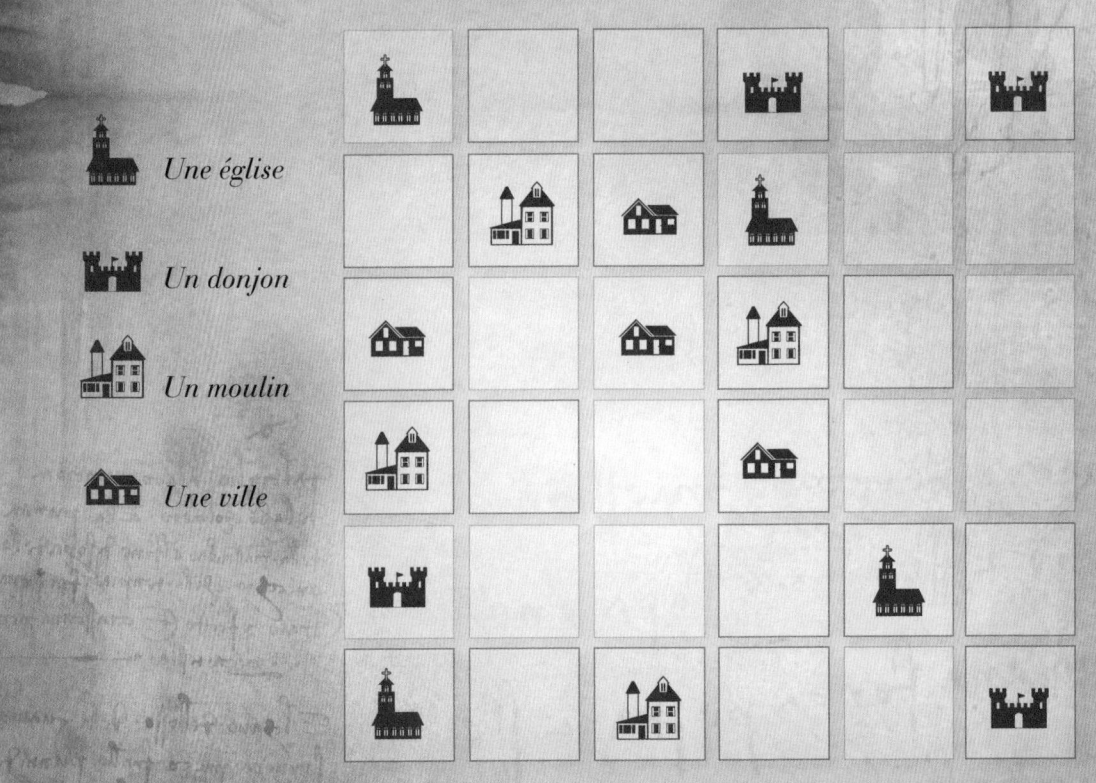

Solution page 239

Leonardo-ku

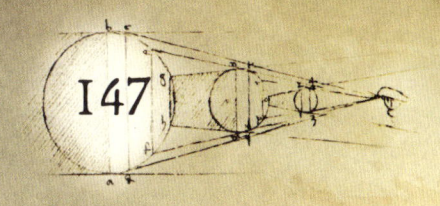

Pouvez-vous inscrire ces neuf symboles astrologiques dans la grille ci-dessous afin que chaque ligne, chaque colonne et chaque carré de 3 × 3 cases contiennent les neuf symboles, sans répétition ?

Solution page 240

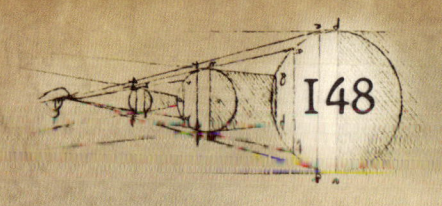

Un autre royaume divisé

Le pauvre Rodrigo Borgia est à nouveau sollicité par ses quatre enfants avides. Il doit donner à chacun une terre de taille et de forme identiques et, pour rester équitable, chaque terre doit offrir du fer, du blé, du bétail et des vignes.

Aidez-le à définir les frontières entre les terres de chacun.

Fer

Blé

Bétail

Vignes

Solution page 241

149

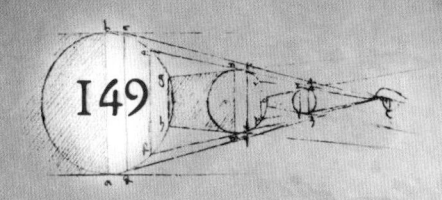

Logique mortelle

Les Borgia exploitent tous les moyens à leur disposition pour neutraliser ou éliminer leurs rivaux. À l'aide de la grille et des indices ci-dessous, pouvez-vous établir qui a fait quoi, à qui et pourquoi ?

	Pouvoir	Argent	Vengeance	Cardinal	Ambassadeur	Seigneur	Chantage	Meurtre	Séduction
Cesare									
Lucrezia									
Giovanni									
Chantage									
Meurtre									
Séduction									
Cardinal									
Ambassadeur									
Seigneur									

Indices

Lucrezia séduit sa victime, mais ce n'est pas par vengeance.

Giovanni est guidé par une soif inextinguible de pouvoir, mais il ne tue pas pour l'atteindre (pas cette fois) et sa victime n'est pas un cardinal.

L'ambassadeur de France a offensé les Borgia et fait l'objet d'une vengeance.

Solution page 242

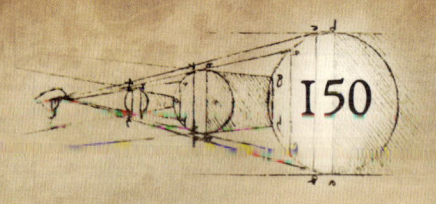

Territoires

« **V**ous m'avez si bien aidé à partager le royaume entre les diverses guildes et factions, dit le duc, que j'ai maintenant besoin de vous pour faire de même dans ce pays conquis récemment. »

Pouvez-vous inscrire les six symboles suivants afin qu'un seul soit présent dans chaque zone colorée et un seul dans chaque rangée et chaque colonne ?

♠ Nobles

♦ Marchands

✍ Universitaires

✝ Religieux

⚷ Hommes de loi

❦ Artisans

Solution page 243

151

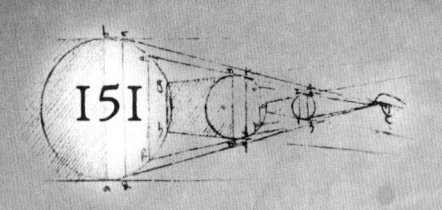

La part du gâteau

« Nous avons pour coutume ici, quand deux personnes partagent un gâteau, que l'un le coupe et l'autre choisit son morceau pour s'assurer que les portions sont égales, dit Laurent, le mécène de Léonard.

Cependant, ce soir je dîne avec trois invités de marque. Y a-t-il un moyen qui me permettrait d'appliquer notre coutume afin que tous reçoivent une juste part ? »

Solution page 244

152

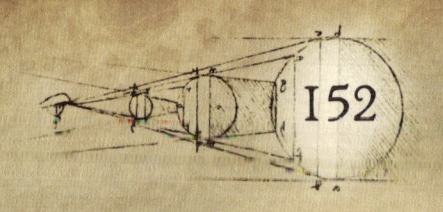

Les pièces manquantes

Le tableau ci-contre est *Béatrice d'Este, duchesse de Bari*. Cinq morceaux de cette œuvre manquent. Pouvez-vous associer les parties numérotées ci-dessous aux symboles sur le tableau ?

I

V

II

IV

III

153

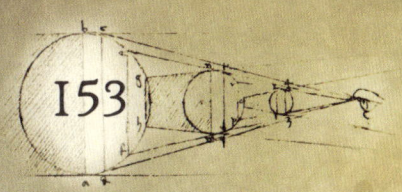

Solution page 244

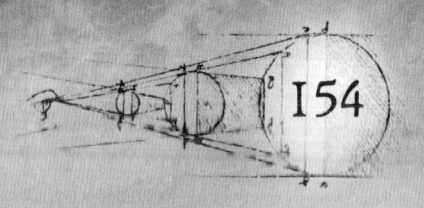

154

Relations

« C'est contre nature et impie ! crie le cardinal.

— Calmez-vous, dit le pape Alexandre, et expliquez la situation.

— Une rumeur circule selon laquelle deux prêtres de Florence ont des relations contre nature. »

Le pape plisse la bouche.
« Comment cela ?

— Le frère Alberto est à la fois l'oncle et le neveu de frère Benedict. À l'inverse, Benedict appelle Alberto à la fois "oncle" et "neveu".

— Contre nature, en effet, dit le pape. Est-ce même possible ? »

Solution page 245

155

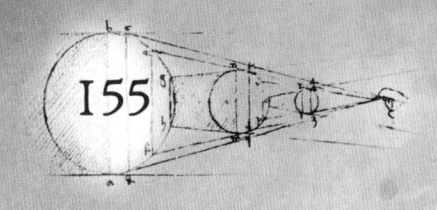

Le ciel s'ouvre

Cinq prêtres se dirigent vers l'église quand ils sont surpris par une violente averse. Quatre d'entre eux courent se mettre à l'abri mais sont quand même trempés. Le cinquième ne bouge pas et reste toutefois parfaitement sec.

Comment est-ce possible ?

Solution page 245

Des commandes

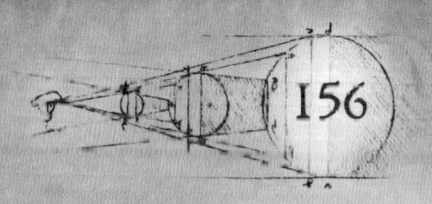

Léonard a été bombardé de commandes. Salaì est chargé de les suivre. Qui est le client, quel est le sujet, quel est le médium et combien offre-t-il ?

	500 florins	750 florins	1 000 florins	Un cheval	Lui-même	La Vierge	Peinture à l'huile	Fresque	Sculpture
Sforza									
Borgia									
Médicis									
Peinture à l'huile									
Fresque									
Sculpture									
Un cheval									
Lui-même									
La Vierge									

Indices

La Vierge doit être représentée en sculpture et n'est pas commandée par Borgia.

Sforza offre 500 florins, mais ce n'est pas pour un autoportrait.

L'autoportrait est commandé pour un montant moindre que celui offert par Médicis, mais supérieur à celui de la peinture à l'huile.

Solution page 246

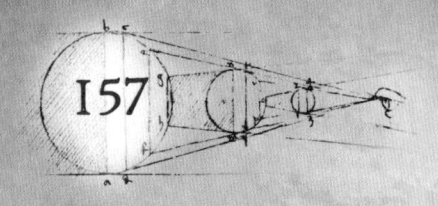

Points de cheminement

Un cavalier voyage à travers l'Italie quand il rencontre une borne en pierre qui affiche :

Rome 97 km

La borne suivante indique **89 km**, la suivante **83**, puis **79**, puis **73**.

Quand il arrive à la borne indiquant 19 km, combien lui reste-t-il de bornes à rencontrer avant d'atteindre Rome ?

Solution page 247

Nombre magique

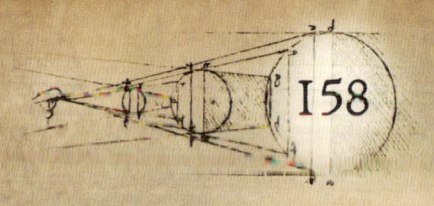

Six nombres séquentiels peuvent être inscrits dans les cases de cette grille pour que les rangées, les colonnes et les diagonales donnent le même total.

		14
	11	
8		

Solution page 247

Leonardo-ku

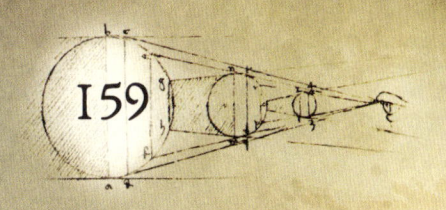

Pouvez-vous inscrire ces neuf symboles astrologiques dans la grille ci-dessous afin que chaque ligne, chaque colonne et chaque carré de 3 × 3 cases contiennent les neuf symboles, sans répétition ?

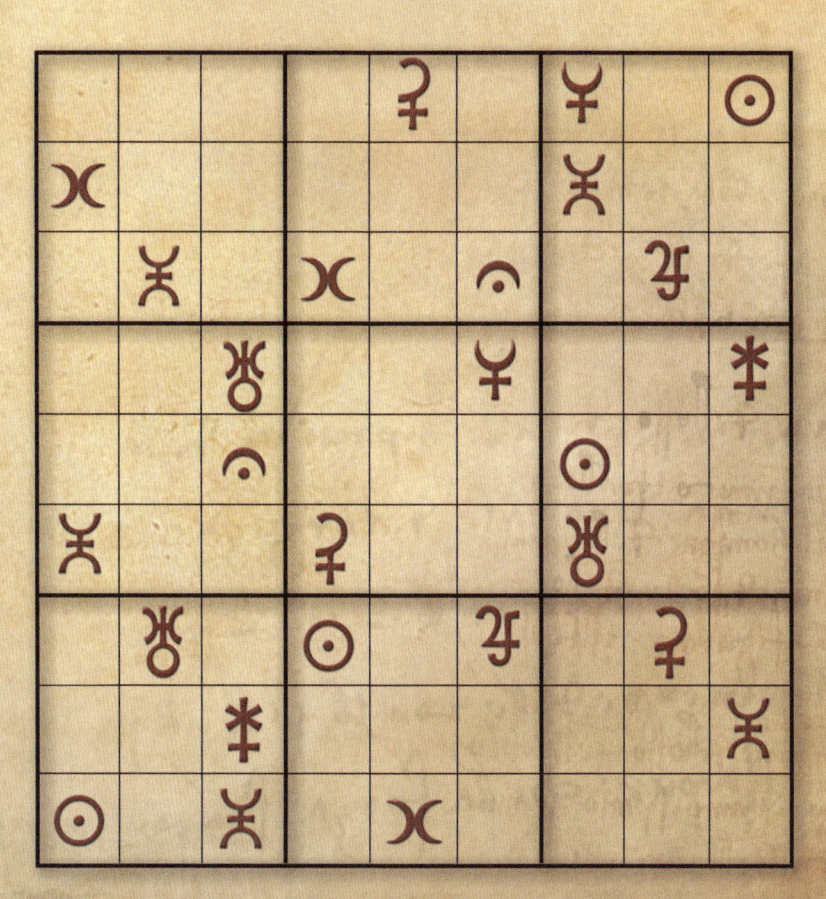

Solution page 248

160

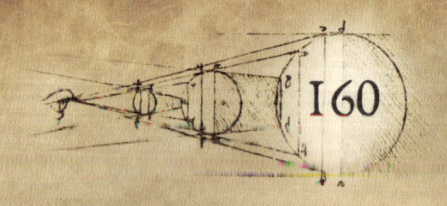

La somme des arts

Déterminez la valeur de chaque tableau et calculez le nombre qui devrait remplacer le point d'interrogation.

				22
				25
				?
				25
24	18	26	29	

Solution page 249

161

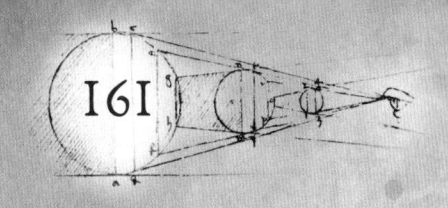

Cases logiques

Calculez le rapport entre les nombres dans chaque case afin de découvrir le nombre manquant.

13		6
	209	
8		3

7		9
	272	
5		12

11		3
	?	
2		14

Solution page 249

162

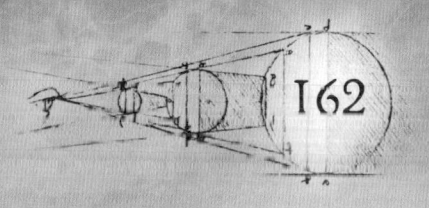

Jugement de valeur

La Renaissance nous a légué de nombreux artistes dont les noms sont immortels et leur valeur pour la civilisation dépasse toute estimation.

Pourtant…

… Michel-Ange vaut 25, Botticelli et Donatello valent 16 chacun. Combien vaut Vinci ?

Solution page 250

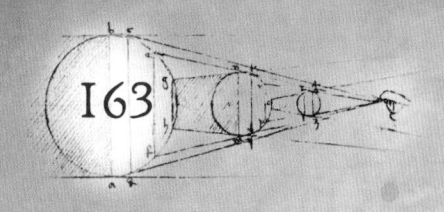

Les suites

Après une escarmouche avec les troupes papales, les soldats de Médicis font le compte de leurs blessés.

Sur les 131 soldats de Médicis, 112 ont été blessés, 46 ont également été amputés de bras, 16 amputés de jambes et 10 souffrent d'infections incurables. Les amputés et les blessés infectés ne pourront plus jamais combattre, le reste finira par être bon pour le service.

Quel est le nombre maximal de blessés qui se remettront ?

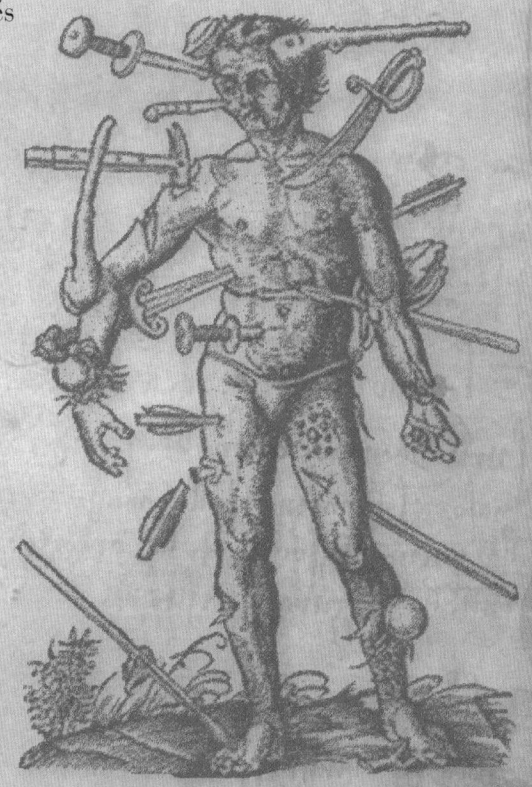

Solution page 250

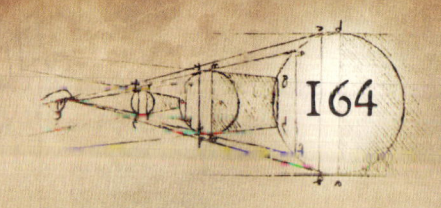

Les pièces manquantes

Le tableau ci-contre est *La Belle Ferronière*. Cinq morceaux de cette œuvre manquent. Pouvez-vous associer les parties numérotées ci-dessous aux symboles sur le tableau ?

I

II

III

IV

V

165

Solution page 251

166

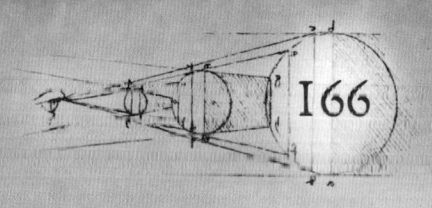

Un verrou révolutionnaire

Un mécanisme de fermeture est composé de quatre rouages de taille croissante (8 dents, 9 dents, 10 dents et 18 dents).

Toutes les flèches doivent être dirigées vers le haut pour que le verrou s'ouvre. Combien de révolutions le petit rouage doit-il accomplir pour que cela se produise ?

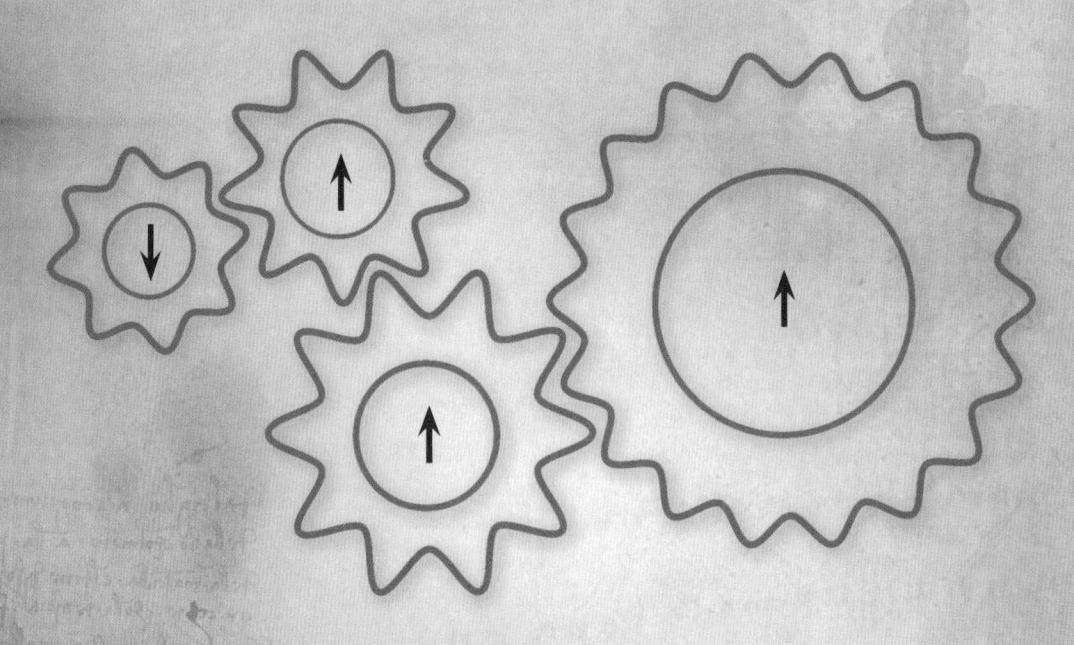

Solution page 252

167

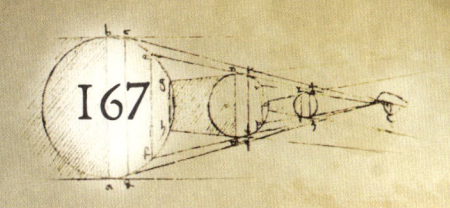

La somme des arts

Déterminez la valeur de chaque tableau et calculez le nombre qui devrait remplacer le point d'interrogation.

				32
				?
				32
				12
32	12	26	61	

Solution page 252

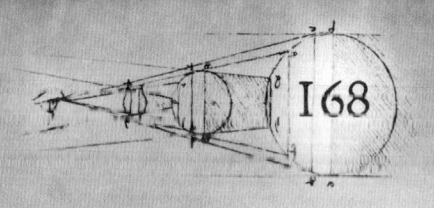

Contre-mesures

Le duc de Milan a entendu parler du système de sécurité de Vinci, basé sur l'équilibre de balances, et lui demande un mécanisme similaire pour protéger son trésor.

Poids : 1, 2, 3, 3, 5, 6, 9, 9, 10

Comment les poids sont-ils répartis sur les plateaux pour produire l'équilibre ?

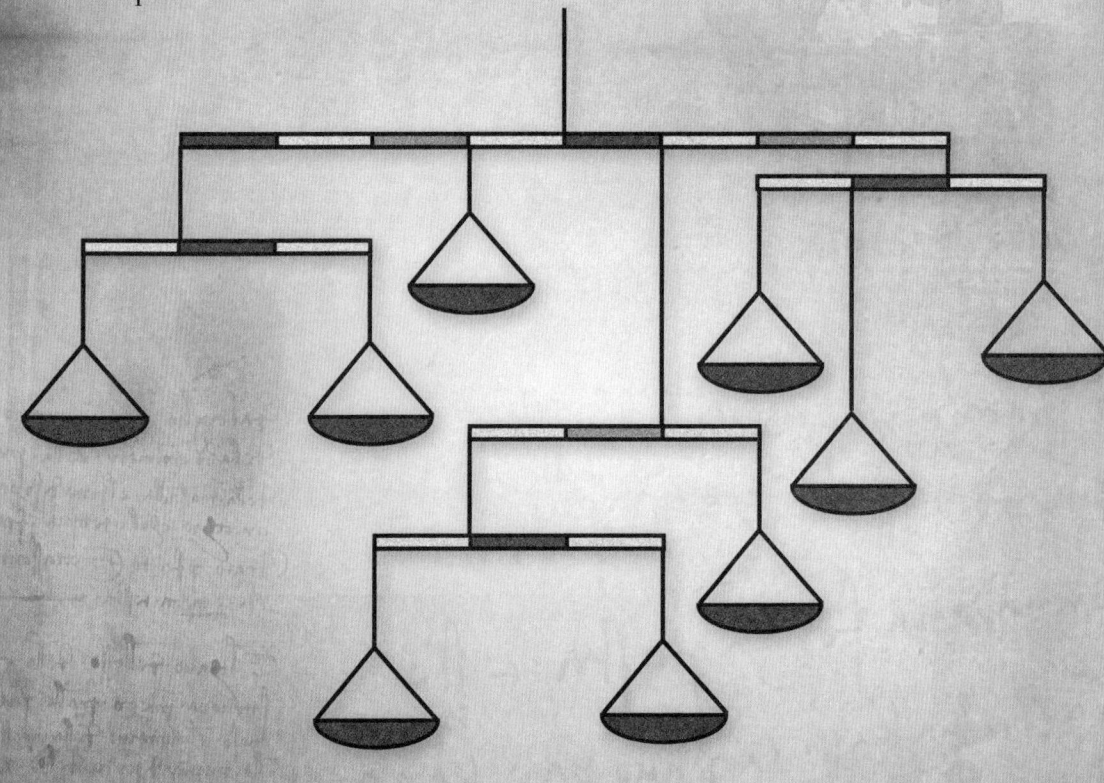

Solution page 253

169

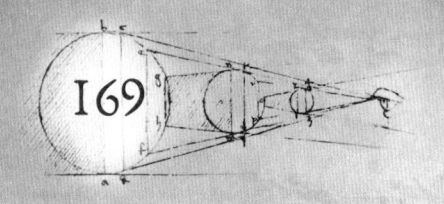

Cognition

La machine de Léonard est de plus en plus perfectionnée. Ce système complexe de rouages orne le mur de son atelier et défie les esprits mécaniques de tourner la manivelle.

Si l'on tourne la manivelle dans le sens inverse des aiguilles d'une montre, la charge montera-t-elle ou descendra-t-elle ?

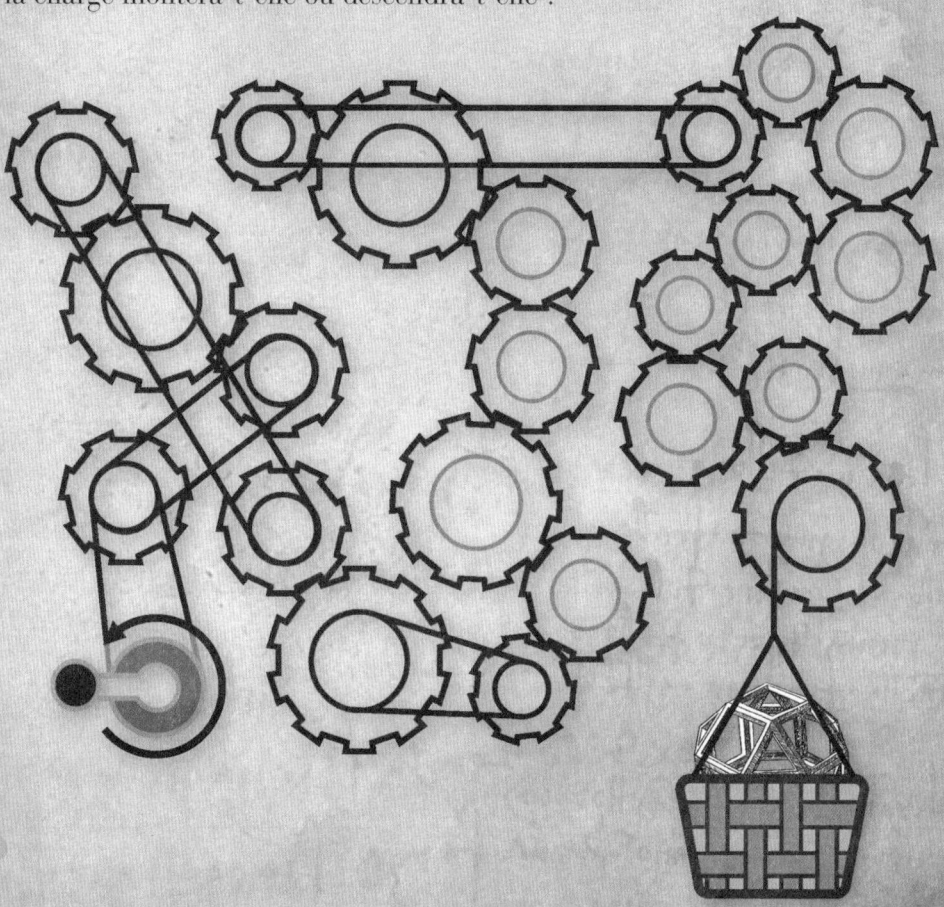

Solution page 253

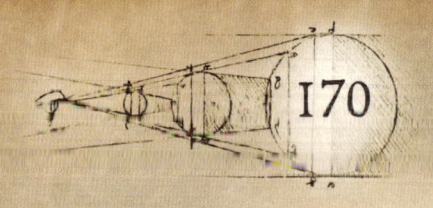

Jeu de foire

Une foire s'est installée à Florence, avec de nombreux jeux d'adresse et de hasard pour soulager les Florentins naïfs de leur argent.

Léonard observe une séduisante jeune femme qui s'apprête à tenter sa chance au jeu « Faites rouler un florin ». Le but du jeu est de faire rouler une pièce d'un diamètre d'un centimètre sur une table vernie afin qu'elle finisse par se poser en entier dans un carré de 2 × 2 cm dans la grille peinte comme ci-dessous.

« Que gagnera la dame si sa pièce ne touche pas les lignes ?

— Elle récupérera son florin et gagnera un florin en plus, répond-il.

— Madame, dit Léonard, je vous conseille un autre jeu ou une meilleure récompense pour celui-ci. »

Solution page 254

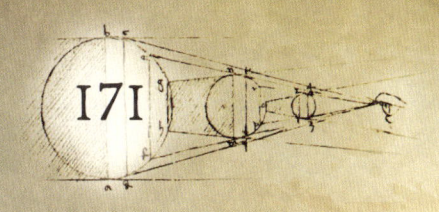

À la forge

Léonard rend visite au forgeron local et lui demande :

« Combien coûtent cinq ?

— Ce serait deux lires, monsieur.

— Combien pour neuf ?

— Trois lires.

— Douze ?

— Quatre lires. »

Qu'aurait pu acheter Léonard ?

Solution page 255

Solutions

Énigmes pour novices

Page

12 ## La somme des arts

? = 6

| 1 | 3 | 2 | 4 |

13 ## Un carreau

Salaì accroche son chapeau sur la pointe de l'arquebuse avant de tirer le carreau.

14 ## Cognition

Il doit tourner la manivelle dans le sens inverse des aiguilles d'une montre.

♀

15 ## Reconnaissance de formes

Chaque ligne et chaque colonne contiennent :
- Un carré, un cercle et un triangle.
- Une forme verte, une forme orange et une forme jaune.
- Un symbole du Soleil ☉, de Vénus ♀ et de Mars ♂.

Le symbole manquant est donc un cercle vert contenant un symbole de Vénus.

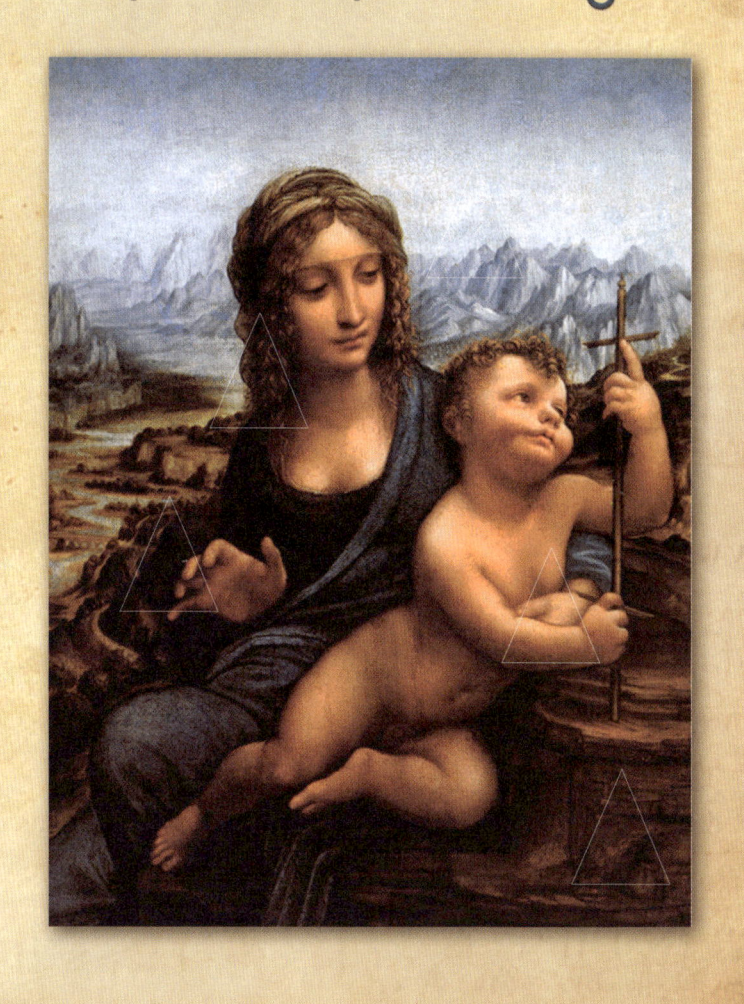

Page

16-17 Les pièces manquantes

      I   II   III   IV   V

175

Page

18 ## Un rêve sombre

Le garde est exécuté pour manquement au devoir. La nuit précédente (pendant laquelle il a fait son rêve), il était de garde.

19 ## Le marchand

Neuf pierres. Il en a vendu trois dans la matinée et trois dans l'après-midi.

20 ## Le tour de cartes

L'énoncé de la question est important – il concerne les cartes dorées. Donc, vous pouvez ignorer la deuxième carte à partir de la gauche. En retournant la première carte, vous pouvez immédiatement conclure « non » si elle révèle une coupe. Si elle révèle une étoile, vous pouvez retourner une autre carte, mais laquelle ?
Vous pourriez être tenté de retourner la quatrième carte, mais cela ne servira à rien. Il faut retourner la troisième.
Si elle est dorée, la réponse est « non » ; si elle est verte, peu importe la couleur de la quatrième carte, car on a déterminé qu'aucune carte dorée n'affiche une coupe et la réponse est par conséquent « oui ».

Page

21
Les fenêtres de l'âme

21 yeux. L'ange est supposé être Gabriel qui, comme tous les anges portant un nom dans la Bible, est de sexe masculin.

22-23	# Concentration

24	# Trop malin

Pour résoudre cette énigme, vous devez vous débarrasser l'esprit des calculs complexes et seulement vous fier à ce que vous voyez.

En partant de la deuxième ligne, chaque ligne décrit la ligne précédente. La première ligne est composée d'un seul chiffre, 1 ; vous la lisez donc comme « une fois un », ou 1…1.

La troisième ligne indique alors « deux fois un », ou 2…1.

La quatrième ligne indique « une fois deux » et « une fois un », ou 1…2…1…1, et ainsi de suite.

La ligne suivante devrait donc indiquer « trois fois un, une fois trois, une fois deux, une fois un, une fois trois, une fois deux et deux fois un » :

3 1 1 3 1 2 1 1 1 3 1 2 2 1

Page 25 **Leonardo-ku**

Page

26-27　Les pièces manquantes

　　　　I　　II　　III　　IV　　V

Page

28 # Reconnaissance de formes

Chaque ligne et chaque colonne contiennent :
- Un carré orange, un carré jaune et un carré vert.
- Deux chevaux dirigés vers la droite et un cheval dirigé vers la gauche.
- Deux grands chevaux et un petit cheval.

Le carré manquant doit donc être orange avec un grand cheval dirigé vers la droite.

29 # L'art du calcul

Vous avez sûrement compris qu'il ne s'agit pas d'une énigme mathématique. Le groupe I est composé de chiffres tracés en lignes courbes, le groupe II de chiffres à lignes droites et le groupe III de chiffres à lignes courbes et droites. Donc 15 et 16 appartiennent au groupe III et 17 au groupe II.

Groupe I	Groupe II	Groupe III
0 3 6	1 4 7	2 5 10
8 9	11 14	12 13

Page 9

30 # Du grain à moudre

Le percepteur devrait collecter 33 $\frac{1}{3}$ sacs. Puisque 3 % des grains sont sains, 100 sacs de grains mélangés devraient fournir 3 sacs de grains comestibles.
100 divisé par 3 donne 33 $\frac{1}{3}$.

31 # Leonardo-ku

Page	
32	# Une multitude ?

Trois invités.

| 33 | # Une question d'équilibre |

Le moment antihoraire qui agit du côté gauche est la force (4) multipliée par la distance du pivot (6), ce qui donne 24. Le fil à droite est à 3 unités du pivot, dont l'objet qui y est attaché doit avoir une force de 8 pour équilibrer le levier.

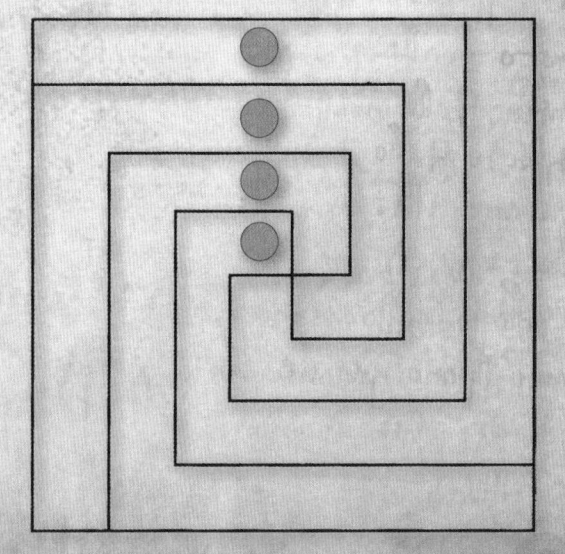

| 34 | # Les guildes |

Page

35 # La somme des arts

? = 11

1    7    3    4

36 # Une pièce

Prenez la pièce en bas de la ligne verticale et placez-la à l'intersection, comme le montre l'illustration.

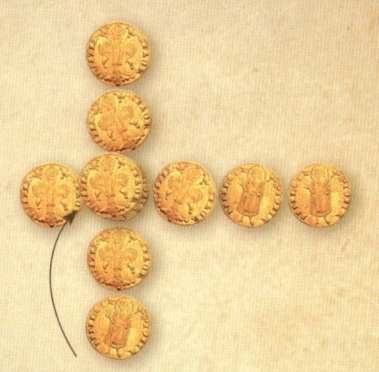

37 # La corde

Salaì devra lier une extrémité de la corde au tronc du saule puis, en tenant l'autre extrémité de la corde, faire le tour du lac sur la rive et revenir à son point de départ. En tirant sur la corde, elle se tendra entre le chêne et le saule et, ainsi doublée, fournira une ligne permettant à Salaì de se tirer dans l'eau.

Page 38-39 *Les pièces manquantes*

I II III IV V

Page

40 Leonardo-Ku

41 Le sable du temps

Retournez les deux sabliers simultanément. Dès que le sablier de 4 minutes s'est vidé, retournez-le. Quand le sablier de 7 minutes s'est vidé, retournez-le également. Quand le sablier de 4 minutes s'est à nouveau vidé, vous savez que 8 minutes se sont écoulées et qu'il s'est écoulé la valeur de 1 minute du sablier de 7 minutes.

Il ne vous reste qu'à retourner le sablier de 7 minutes et, quand il est vidé, vous avez atteint les 9 minutes.

42 Reconnaissance de formes

Chaque ligne et chaque colonne contiennent :
- Un homme avec 4 bras, un avec 2 bras levés, un avec 2 bras baissés.
- Deux hommes en orientation normale, un la tête en bas.
- Un carré jaune et deux carrés verts.

Donc, le carré manquant devrait être vert et contenir un homme debout avec 2 bras levés.

Page

43   Une question d'équilibre

23.

44-45   Concentration

46   La somme des arts

? = 12

2    4    6    8

Page

47

Deux pièces

Prenez les deux pièces numérotées 1 et 2 ci-dessous, à gauche, et replacez-les sur la droite, en poussant les rangées de pièces de façon à reformer un carré.

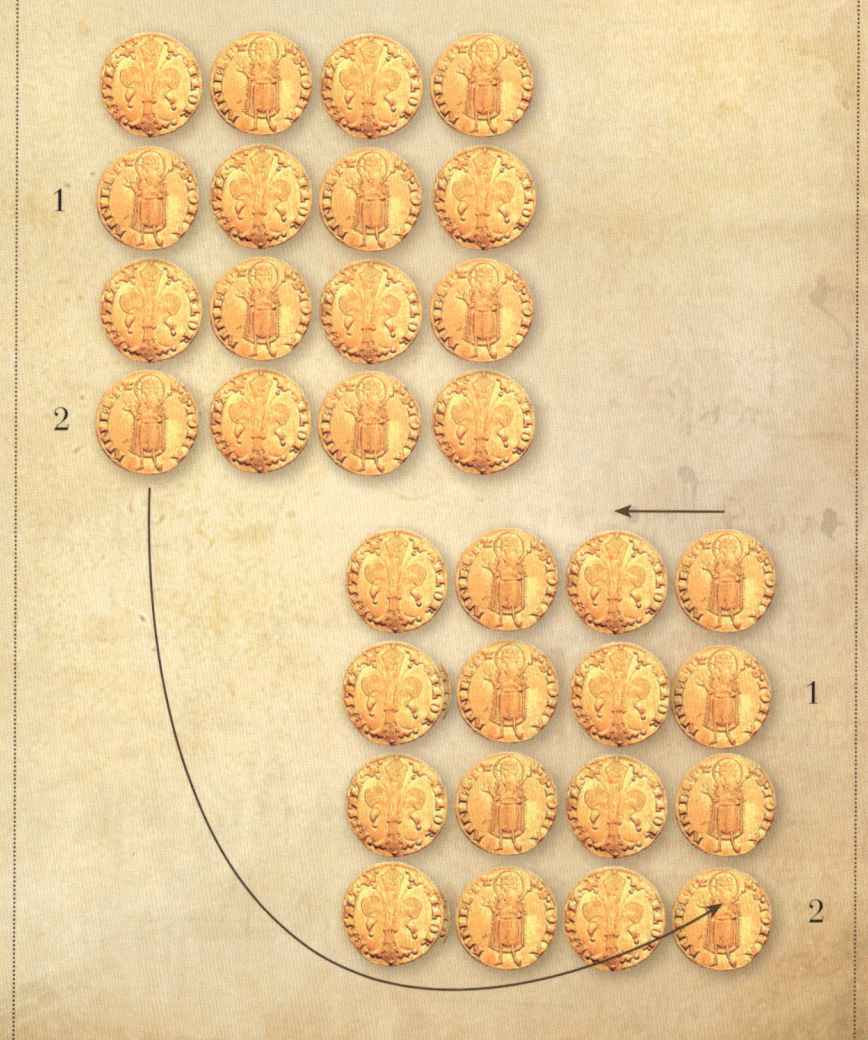

Page

48-49 Les pièces manquantes

I   II   III   IV   V

Page

50 # Trois salaires

Le duc a payé l'architecte 9 florins et le peintre et le sculpteur 3 florins chacun.

51 # La boîte intelligente

Boîte III.

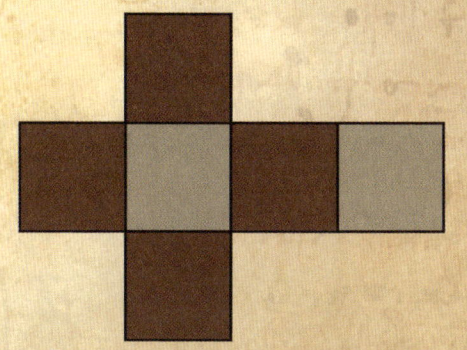

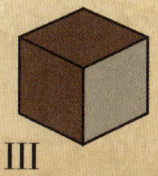

III

Énigmes pour apprentis

Page

54 ## Des pertes inégales

Le premier général est parti au combat avec deux fois plus d'hommes que le second.

55 ## Les cavaliers

Les 30 yeux signifient qu'il y avait 15 créatures au total. Il n'y a qu'une solution pour diviser 44 jambes par 15 : 7×4 jambes (chevaux) ajoutées à 8×2 jambes (hommes). Donc 7 hommes étaient à cheval et le huitième marchait.

56 Le nombre magique

Deux solutions sont possibles.

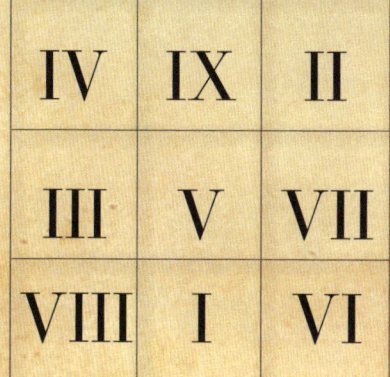

IV	IX	II
III	V	VII
VIII	I	VI

IV	III	VIII
IX	V	I
II	VII	VI

57 Factions ordinaires

Rome a 7 partisans et les Médicis en ont 5.

Page

58-59 Les pièces manquantes

I   II   III   IV   V

Page

60 **Un panneau**

Si, une fois le panneau redressé, la bonne flèche indique leur point de départ, la flèche indiquant Volterra sera alignée correctement.

61 **Leonardo-ku**

Page

62 **Un salaire bien calculé**

666 pièces.

63 **Pertes au retour**

100 soldats.

64 **Quand exactement ?**

Salaì apprendra les secrets de l'alchimie le 10 du mois.

Page

65 Fractions ordinaires

L'idéal est d'attaquer cette énigme dans le vrai style de Léonard – du début vers la fin. Neuf dixièmes de 100 donnent 90, huit neuvièmes de 90 font 80, sept huitièmes de 80 font 70, six septièmes de 70 font 60, cinq sixièmes de 60 font 50, quatre cinquièmes de 50 font 40, trois quarts de 40 font 30, deux tiers de 30 font 20 et la moitié de 20 est 10, la solution.

66 Attraction

Salaì peut choisir n'importe quelle barre et la pousser contre le milieu de l'autre pour former un T.
Si la barre choisie est magnétisée, elle attirera l'autre.

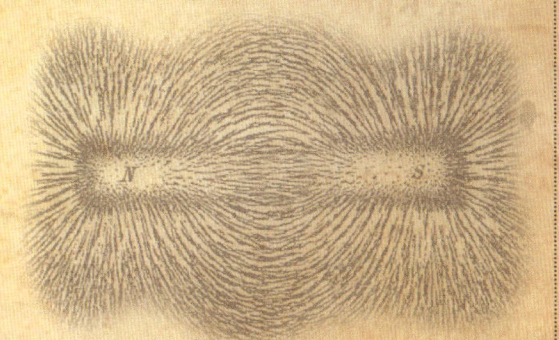

67 Chiffres

Il y a en fait deux solutions possibles. Les deux exigent de retirer la barre verticale du signe d'addition.

    VI   –   II   =   IV

Ou

    VII   –   II   =   V

198

Page
68-69 Les pièces manquantes

I   II   III   IV   V
⊕   ☿   ☾   ♆   ☿

Page

70   ## In vino veritas

Pour trouver la solution, Salaì devra simplement pencher la barrique jusqu'à ce que le vin soit sur le point de déborder. Si le fond de la barrique est à peine recouvert de liquide, la barrique est exactement à moitié pleine. Si le fond de la barrique est complètement recouvert de liquide, la barrique est plus qu'à moitié pleine. Si une partie du fond de la barrique est visible, la barrique est plus qu'à moitié vide.

71   ## Canon

Le rythme de tir peut sembler le même, mais les intervalles de rechargement sont différents.
Le premier canon a quatre intervalles entre le premier tir et le dernier, chacun de $1\frac{1}{4}$ minute ; le second a neuf intervalles, chacun de $1\frac{1}{9}$ minute, ce qui signifie qu'il pourrait tirer 12 boulets en $12\frac{2}{9}$ minutes au lieu de $13\frac{3}{4}$ minutes pour le premier canon.

72   ## Roues en mouvement

Si le dispositif était suspendu dans l'espace, une révolution déplacerait la plaque d'ardoise de 1 coudée en avant. Sur l'établi, une révolution déplacera l'ensemble du dispositif de 1 coudée. La plaque d'ardoise avancera donc de 2 coudées.

73 **Leonardo-ku**

74 **Précision**

Le premier canon atteint sa cible 28 fois sur 84, le second 25 fois sur 75. Tous deux ont le même taux de réussite de 1 sur 3.

Page

75 # Recrutement

Deux des hommes sont experts dans les trois domaines, le troisième ne sait rien faire.

76 # Défection

500 soldats.

77 # Dernier délai

Cesare plaisante, manifestement.
Si les chiens n'avaient pas mangé depuis cinq mois, ils seraient morts.

Page

78-79 Les pièces manquantes

I II III IV V
♅ ☽ ♆ ⚵ ⊕

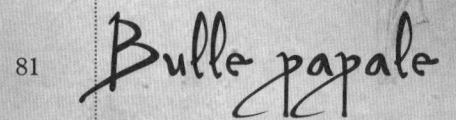

Page		
80	**Générosité**	
	Un secret.	

81	**Bulle papale**
	Rodrigo Borgia et le pape Alexandre VI sont une seule et même personne.

82	**Une course de chevaux**
	Il arrive à la dernière place. En dépassant le cavalier en deuxième position, il arrive en deuxième place. Les deux qui le dépassent le mettent en quatrième position.

83 Leonardo-ku

Page

84 ## Les premiers seront les derniers

Chacun monte le cheval de l'autre, s'assurant ainsi que le *cheval* du cavalier gagnant arrivera dernier.

85 ## Goutte à goutte

Une goutte seulement. Après cela, le gobelet ne sera plus vide.

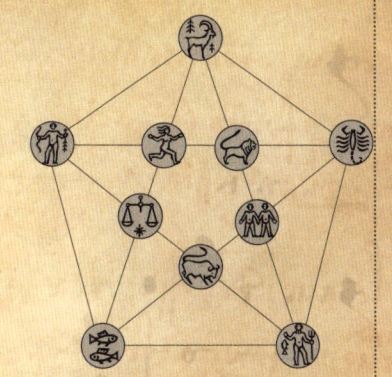

86 ## Le pouvoir du trois

On peut trouver 35 triangles distincts dans le pentagramme.

A	B	C	D	E	F	G	H	I	J
A B C	A C D	A F J	B C J	B I J	C I J
A B D	A C E	A G I	B D F	C D I	F H I
A B E	A C G	A I J	B D I	C E G	F I J
A B F	A C I	A I J	B E J	C E J	G H J
A B I	A C J	B C H	B F I	C G J	G I J
A B J	A D E	B C I	B H I	C H J	H I J

Page

87 La somme des arts
    ? = 16

    2    3    4    5

88-89 Les pièces manquantes

    I   II   III   IV   V

Page

90 # Cognition

Il devrait tourner la manivelle dans le sens inverse des aiguilles d'une montre.

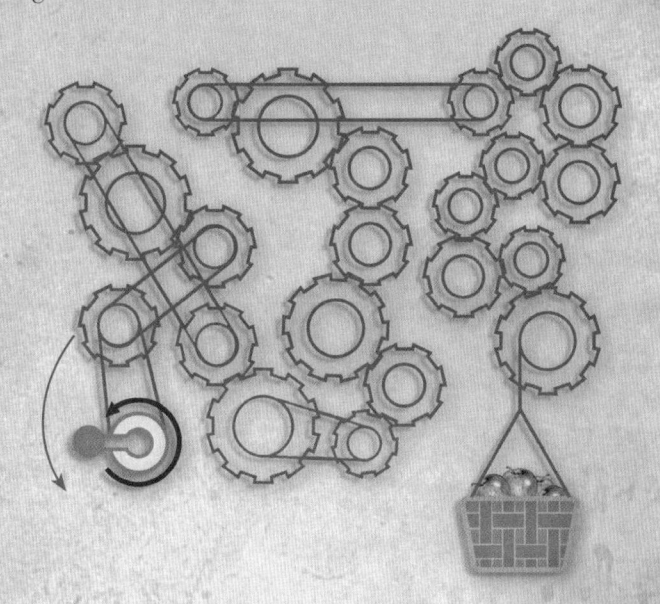

91 # Reconnaissance de formes

Chaque ligne et chaque colonne contiennent :
- Un homme chauve, un homme aux cheveux frisés et un homme coiffé d'un chapeau.
- Un carré jaune, un carré rouge et un carré vert.
- Deux visages tournés vers la droite, un visage tourné vers la gauche.
- Un carré portant un symbole de la Lune, un carré avec un symbole du Soleil et un carré sans symbole.

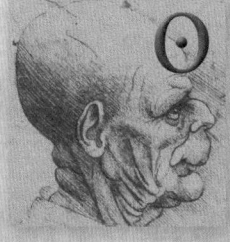

Énigmes pour experts

Page

94-95 Sorcellerie

Salaì a enveloppé la cloche de neige afin qu'elle ne résonne pas, puis il a saboté l'échelle pour gagner du temps. Quand les villageois atteignent la cloche, le soleil matinal a fait fondre la neige et il ne reste aucune trace de sa ruse.

96 Méfiance

Traversée	Sur l'île	Dans la barque	Sur le rivage
1. De l'île au rivage	1 Borgia / 3 Médicis	2 Borgia ⇒	
2. Du rivage à l'île	1 Borgia / 3 Médicis	1 Borgia ⇐	1 Borgia
3. De l'île au rivage	3 Médicis	2 Borgia ⇒	1 Borgia
4. Du rivage à l'île	3 Médicis	1 Borgia ⇐	2 Borgia
5. De l'île au rivage	1 Borgia / 1 Médicis	2 Medici ⇒	2 Borgia
6. Du rivage à l'île	1 Borgia / 1 Médicis	1 Borgia / 1 Médicis ⇐	1 Borgia / 1 Médicis
7. De l'île au rivage	2 Borgia	2 Médicis ⇒	1 Borgia / 1 Médicis
8. Du rivage à l'île	2 Borgia	1 Borgia ⇐	3 Médicis
9. De l'île au rivage	1 Borgia	2 Borgia ⇒	3 Médicis
10. Du rivage à l'île	1 Borgia	1 Borgia ⇐	3 Médicis /1 Borgia
11. De l'île au rivage		2 Borgia ⇒	3 Medicis /1 Borgia

97 La vérité te libérera ?

Léonard peut demander à n'importe lequel des deux gardes : « Quelle porte l'autre garde va-t-il m'indiquer comme la sortie ? » Il n'aura plus qu'à demander à sortir par l'autre porte.

98 # Leonardo-ku

99 # Les chapeaux

Alberto a gagné la place d'apprenti. Caspar voit Alberto et Benito. Si leurs chapeaux étaient de la même couleur, il saurait que son propre chapeau est de la couleur opposée et répondrait immédiatement. Comme Caspar garde le silence, Alberto en déduit qu'il voit des chapeaux de couleur différente et peut affirmer avec assurance que le sien est de la couleur opposée à celui porté par Benito.

Encore des chapeaux

Page 100

Il y a sept combinaisons possibles. Dans les deux premiers scénarios, deux des garçons portent des chapeaux blancs, le troisième sait donc immédiatement que le sien est noir. Dans le quatrième, en disant qu'il ne sait pas, Estefan révèle qu'il voit soit un chapeau noir et un chapeau blanc, soit deux chapeaux noirs ; donc Fernando, voyant que le chapeau d'Estefan est noir et celui de Gabriel blanc, sait que le sien doit être noir. Dans les scénarios restants, si Estefan et Fernando admettent qu'ils ne connaissent pas la couleur de leurs chapeaux, celui de Gabriel est toujours noir.

Estefan	Fernando	Gabriel	Résultat
Noir	Blanc	Blanc	Estefan dit « Noir ».
Blanc	Noir	Blanc	Fernando dit « Noir ».
Blanc	Blanc	Noir	Estefan et Fernando disent tous deux « Aucune idée ».
Noir	Noir	Blanc	Estefan dit « Aucune idée ». Fernando dit « Noir ».
Noir	Blanc	Noir	Estefan et Fernando disent tous deux « Aucune idée ».
Blanc	Noir	Noir	Estefan et Fernando disent tous deux « Aucune idée ».
Noir	Noir	Noir	Estefan et Fernando disent tous deux « Aucune idée ».

Page

101 # Du plomb dans l'or

Léonard divise les 9 pièces en 3 piles : A, B et C. Il place la pile A dans l'un des plateaux de la balance et la pile B dans l'autre, et laisse la pile C de côté. Si la pile A ou la pile B est plus lourde, elle devient la pile « suspecte » (la pile contenant la fausse pièce). Si les deux plateaux sont en équilibre, la pile C est la pile « suspecte ».

Quand il a découvert la pile « suspecte », Léonard met les deux autres piles de côté. Il prend deux pièces dans la pile « suspecte » et les place chacune dans un plateau, et il garde la troisième dans sa main. Si l'un des plateaux est plus lourd, il contient la fausse pièce. Si les plateaux sont en équilibre, la fausse pièce est dans la main de Léonard.

102-103 # Les pièces manquantes

I   II   III   IV   V

Page

104 # Quelque chose à partir de rien

Ainsi...

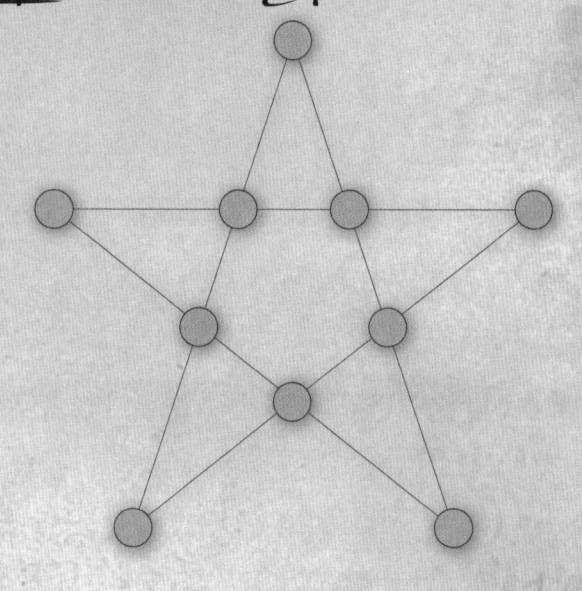

105 # La dernière paille

Cesare devrait prendre 2 pailles ; il en reste 9.

Si Giovanni en prend alors 3, Cesare en prend 2 ; s'il en prend 2, Cesare en prend 2 ; s'il en prend 1, Cesare en prend 3 – afin qu'il en reste 5.

Giovanni ne peut pas gagner. S'il en prend 3, Cesare en prend 1 ; s'il en prend 2, Cesare en prend 2 ; s'il en prend 1, Cesare en prend 3 – dans tous les cas, il reste 1 paille que Giovanni doit prendre au tour suivant.

Page.

106 # Jeu de dames

Quatre mouvements et deux doigts. Déplacez deux pions à la fois, comme ceci :

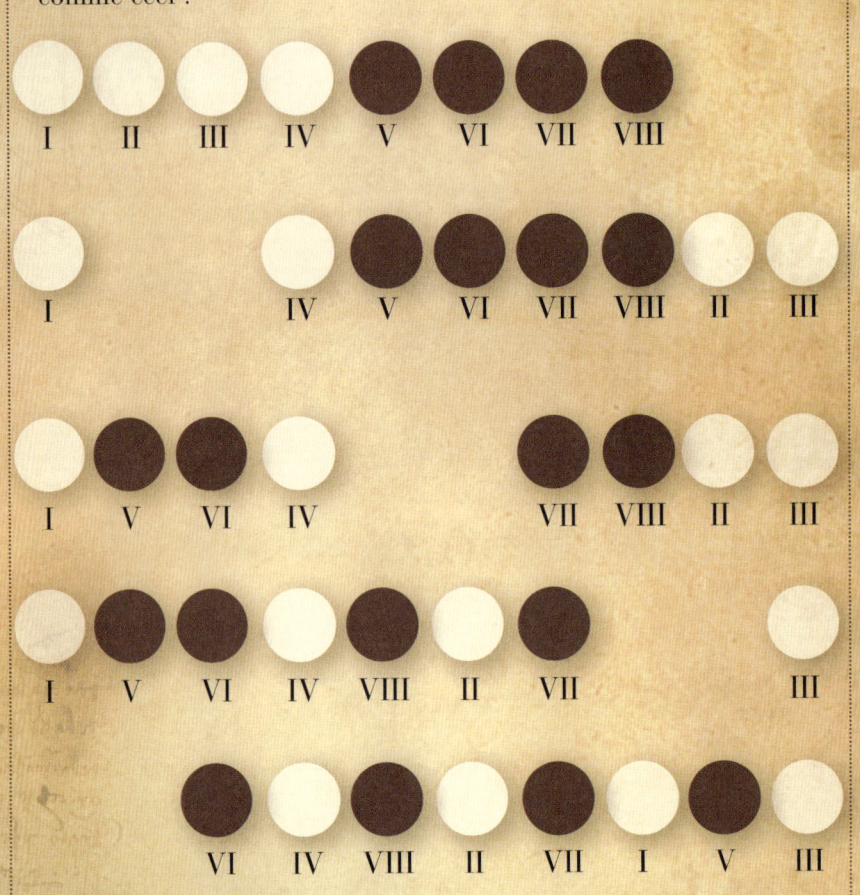

| I | II | III | IV | V | VI | VII | VIII |

| I | | | IV | V | VI | VII | VIII | II | III |

| I | V | VI | IV | | | VII | VIII | II | III |

| I | V | VI | IV | VIII | II | VII | | | III |

| | VI | IV | VIII | II | VII | I | V | III |

Page

107 Leonardo-ku

108 Pichets

Léonard prend le flacon II et verse son contenu dans le flacon V.

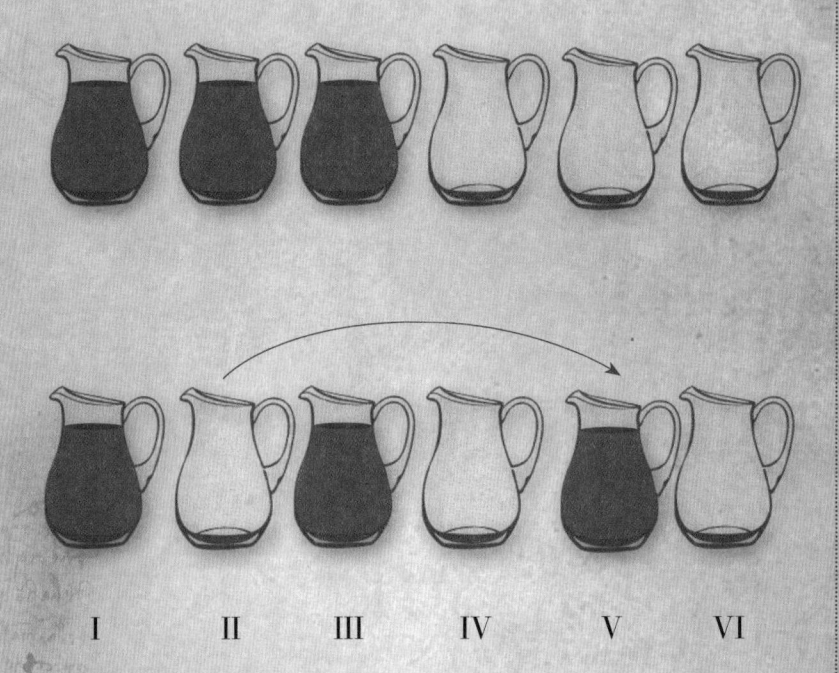

I   II   III   IV   V   VI

Page

109 ## Le héraut

Les deux armées doivent parcourir 60 sillons chacune pour se rencontrer. À la vitesse de 10 sillons par heure, il leur faudra 6 heures. Si l'on multiplie la vitesse du héraut par 6, on obtient une distance parcourue totale de 480 sillons.

110 ## Batailles

Nombre de soldats au début de la bataille (x).

Nombre de soldats à la fin de la bataille (y).

Les pertes peuvent être exprimées ainsi :
$x - y = x/2 + 10$ ou $x = 2(y + 10)$

En repartant de la dernière bataille (dans laquelle périt le reste des soldats), $y = 0$, donc $2(y + 10)$ donne 20 hommes au début de la bataille. Nous savons donc que, dans la quatrième bataille, $y = 20$.

Bataille 4	$2(20 + 10) = 60$ hommes
Bataille 3	$2(60 + 10) = 140$ hommes
Bataille 2	$2(140 + 10) = 300$ hommes
Bataille 1	$2(300 + 10) = 620$ hommes

(la taille de l'armée du seigneur au début de la campagne).

Page

111 Partage de terre

Le pape partage ainsi la terre :

Page

112-
113

Le trésor caché

Les deux portraits sont celui de Léonard lui-même et celui de Lisa Gherardini. Les lettres désignant les manettes n'incluent pas la lettre E, la combinaison « Léonard » est donc éliminée. Cependant, rappelez-vous que Léonard aimait écrire à l'envers.

En tirant les leviers dans l'ordre A, S, I et L, les 16 carreaux révèlent Mona Lisa.

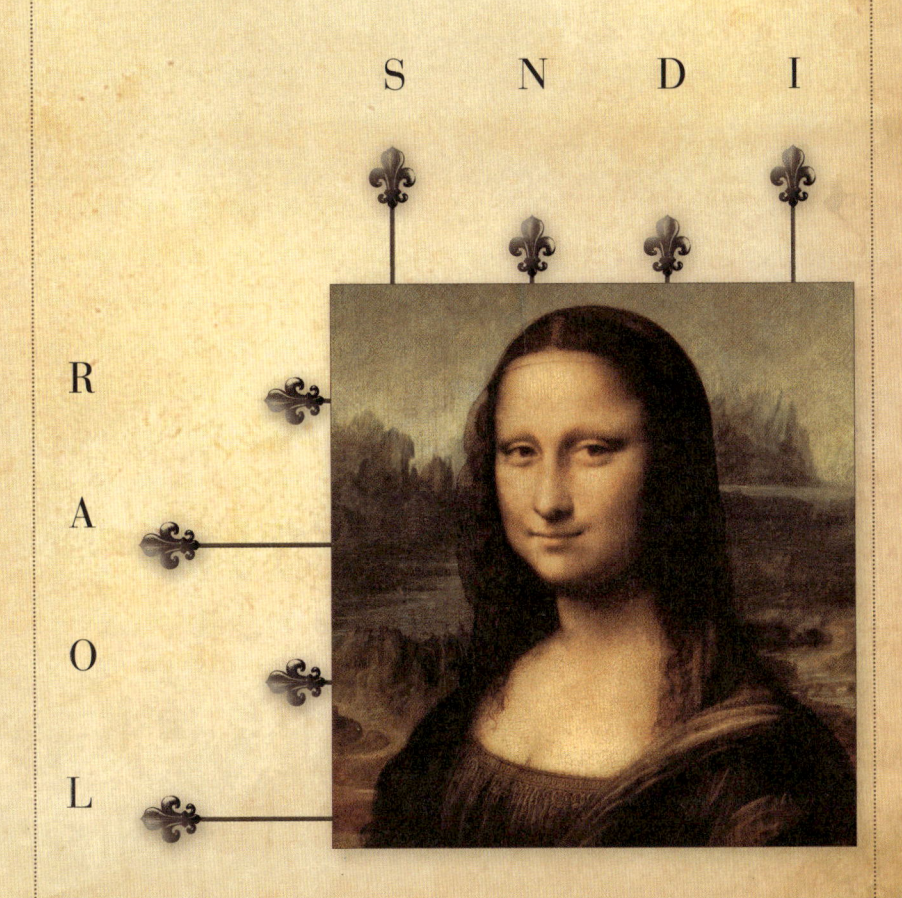

Page

114 Hérésie

« Ce n'est pas ce qui entre dans la bouche qui souille l'homme ; mais ce qui sort de la bouche, c'est là ce qui souille l'homme. »

Cela dit, Léonard prend une grappe dans le sac et la porte à sa bouche avant que quiconque voie sa couleur.

Il avale et dit : « Excusez-moi, toutes ces écritures m'ont ouvert l'appétit. Mais ne vous inquiétez pas, vous pouvez confirmer la couleur du raisin que j'ai mangé en sortant l'autre grappe du sac. »

115 Les espions

Le premier espion ne peut pas dire la vérité, car l'affirmation du troisième espion serait également vraie.

Le troisième espion ne peut pas dire la vérité, car son affirmation serait confirmée par les deux autres espions.

L'affirmation du deuxième espion pourrait être vraie, à condition que le troisième mente. Par conséquent, il n'y a pas de sympathisants des Français dans la région.

Page

116-117 *Les pièces manquantes*

I　II　III　IV　V　VI

Page

118 # Une prophétie qui se réalise

Le chiffre 1 apparaît 3 fois.
Le chiffre 2 apparaît 2 fois.
Le chiffre 3 apparaît 3 fois.
Le chiffre 4 apparaît 1 fois.
Le chiffre 5 apparaît 1 fois.

119 # Mille jours de péché

Nous devons inclure le prédicateur lui-même dans le nombre des hérétiques, et la question devient : quelle est la somme des nombres de 1 à 1 000 ?

La solution est plus simple qu'il n'y paraît d'abord : ajoutez le premier et le dernier nombre :

1 000 + 1 = 1 001

L'addition suivante est :

999 + 2 = 1 001

Ceci s'applique aux 500 paires de nombres.

Il suffit donc de multiplier 500 par 999 pour obtenir la solution… mais n'oubliez pas le prédicateur.

499 501 hérétiques.

120 Leonardo-ku

Page

121 # Un tour de manège

La pièce aura fait deux révolutions.

x2

122 # Salle de garde

Léonard commence à traverser le pont dès que le garde disparaît dans la tour.

Quand il atteint le milieu du pont, il tourne les talons et se dirige vers Sinistra au moment précis où le garde ressort de la tour.

« Oh ! Où pensez-vous aller ? Revenez ici ! », crie le garde en brandissant son arbalète avec un air menaçant. « Retournez à Destra immédiatement ! »
Léonard s'exécute, mais il a du mal à réprimer un sourire.

123 Une occasion en or

Il est tentant de répondre « 1 sur 3 », ce qui serait parfaitement correct si la deuxième pièce était tirée du sac après que la première a été révélée. Cependant, en tirant deux pièces, les combinaisons doivent être examinées :

Or (1)	Or (2)
Or (1)	Argent
Or (2)	Argent
Or (1)	Cuivre
Or (2)	Cuivre
Cuivre	Argent

La combinaison Cuivre – Argent est manifestement impossible, mais il reste cinq autres combinaisons, donc la probabilité est en fait de 1 sur 5.

124 Sacs de pièces

Deux pièces seulement peuvent être retirées du premier sac, ce qui laisse deux possibilités :

1. Le premier sac contient 3 pièces A, 3 pièces B et 1 pièce C ; le second sac contient 3 pièces A, 3 pièces B et 5 pièces C.

2. Le premier sac contient 3 pièces A, 2 pièces B et 2 pièces C ; le second sac contient 3 pièces A, 4 pièces B et 4 pièces C.

Sept pièces doivent être remises dans le premier sac pour assurer qu'il contienne au moins deux pièces de chaque type. Cela découle de la première possibilité si les pièces transférées sont 3 pièces A, 3 pièces B et 1 pièce C.

Il restera donc 4 pièces dans le second sac.

125 L'erreur est humaine

Il s'agit d'une suite de Fibonacci : chaque nombre est la somme des deux précédents.
Le nombre 22 devrait être 21.

$$0 \to 1 \to 1 \to 2 \to 3 \to 5 \to 8 \to 13 \to 21 \to 34 \to 55 \to 89 \to 144$$

Page

126-127   Les pièces manquantes

   I   II   III   IV   V   VI

Page.

128 Contre-mesures

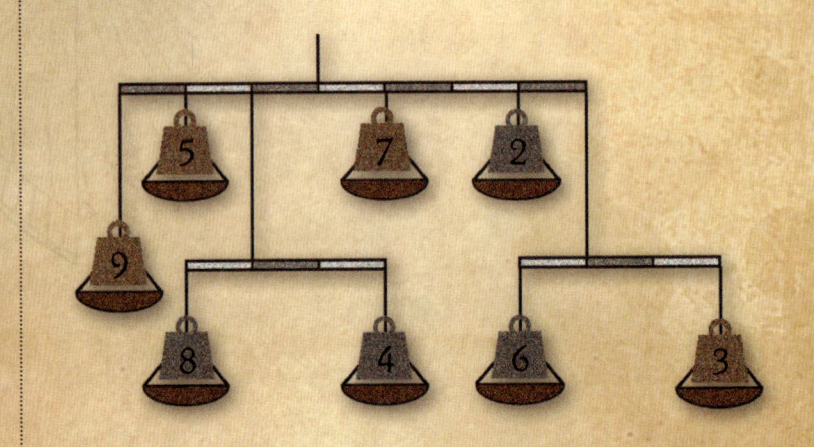

129 Comptes secrets

4   1   3   2

Page

130 # Territoires

- ♠ Nobles
- ♦ Marchands
- ✍ Universitaires
- ✝ Religieux
- ✒ Hommes de loi
- ❦ Artisans

131 **Montagne**

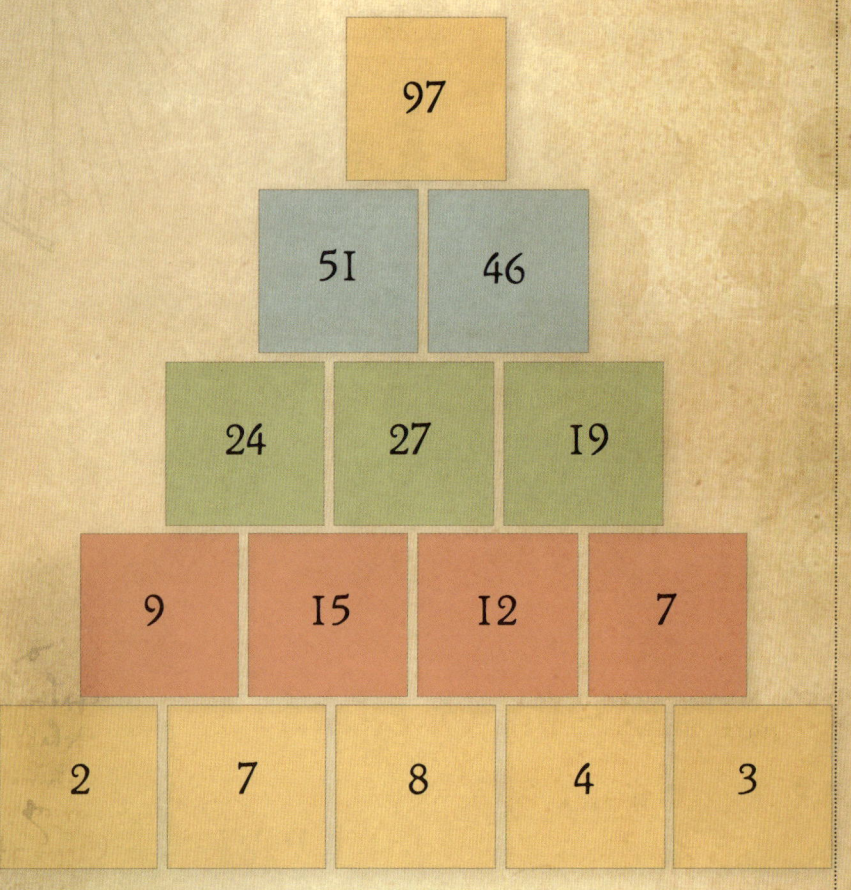

		97		
	51		46	
	24	27	19	
9	15	12	7	
2	7	8	4	3

Énigmes pour maîtres

134 — Pliage

Supposons que le parchemin fasse 0,25 mm d'épaisseur.

Plis	Couches	Épaisseur
1	2	0,5 mm
2	4	1 mm
3	8	2 mm
4	16	4 mm
5	32	8 mm
10	1 024	25,6 cm
20	1 048 576	262,14 km
30	1 073 741 824	268 431,36 km

Non seulement la pile ne tiendrait pas dans la pièce, mais, placée dans le sens de la longueur, ferait plus de trois fois la longueur de toute l'Italie.

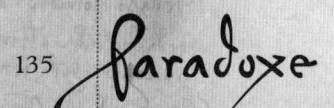

135 — Paradoxe

Ce paradoxe fut démontré par le philosophe grec Zénon d'Élée, environ 2 000 ans avant l'époque de Vinci. Il semble que le coureur (Achille dans le récit de Zénon) ne rattrapera jamais la tortue, car nous divisons la distance entre sa position actuelle et celle de la tortue par 10 indéfiniment. En fait, Achille atteindra la tortue au bout de 1 111 $^1/_9$ pieds.

Page

136 Un code pour Vinci

… malheur à moi ! Les pillards pillent, et les pillards s'acharnent au pillage.

Cela ressemble à un avertissement d'une trahison, mais qui cela concerne-t-il ?

Faisanderez ccopz est une anagramme de Francesco de Pazzi qui complota contre les Médicis.

137 Leonardo-ku

138 — Le second message

Et voici ce que vous recevrez d'eux en offrande : de l'or, de l'argent et de l'airain…

Ce message semble moins menaçant. Peut-être est-ce une commande ?

L'anagramme est Laurent de Médicis, qui envoya Léonard à Milan pour rencontrer le mécène Ludovic Sforza.

Exode 2.5, 3 Laurent de Médicis

139 — En espèces

Le plus petit nombre de pièces peut être distribué ainsi :

1 + 2 + 3 + 4 + 5 + 6 + 7 + 8 + 9.

Le total est de 45, donc la réponse est : non.

Page

140-
141

Les pièces manquantes

I II III IV V
⚲ ⚴ ☾ ☿ ⊕

Page

142 Le message révélé

Et comment ai-je pu ne pas écouter la voix de mes maîtres, ne pas prêter l'oreille à ceux qui m'instruisaient ?

Cette réprimande peut venir d'une seule personne, comme le révèle l'anagramme de Andrea Del Verrocchio, le vieux maître de Léonard.

Proverbes 5, 13
Andrea Del Verrocchio

143 Polygone

Même si les rayons des cercles augmentent très rapidement, ils approchent leur limite à approximativement 8,7 fois le rayon originel du cercle. Donc un parchemin de 18 cm devrait suffire.

Page

144 L'homme de Vitruve

Page

145 Pentagones

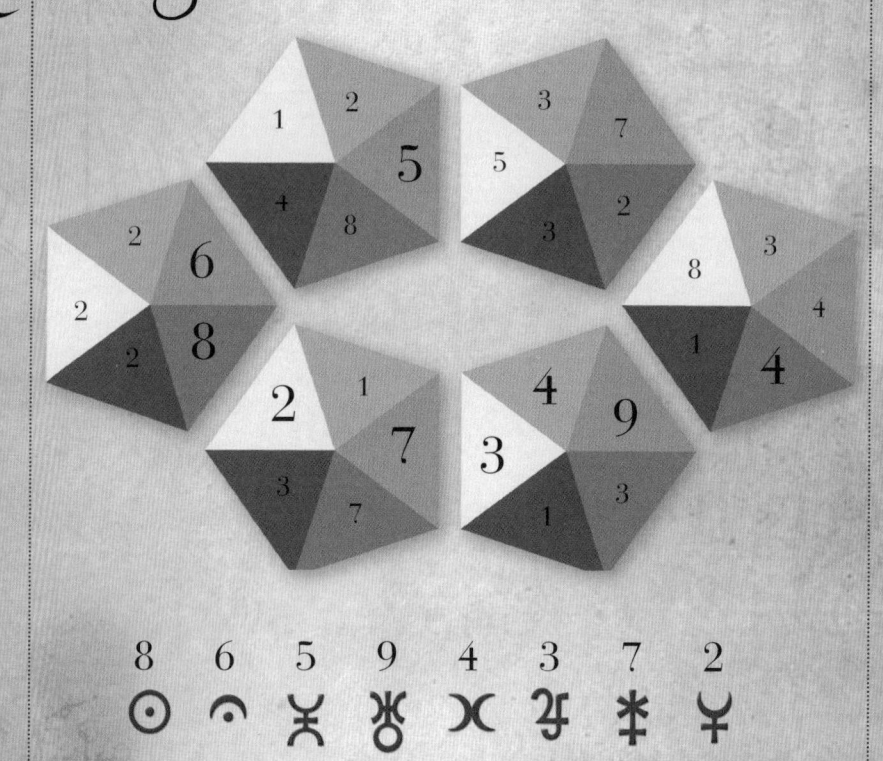

| 8 | 6 | 5 | 9 | 4 | 3 | 7 | 2 |

Chaque pentagone contient des nombres dont l'addition donne 20. Les côtés les plus proches des pentagones adjacents donnent un total de 10.

Page 146

Un royaume divisé

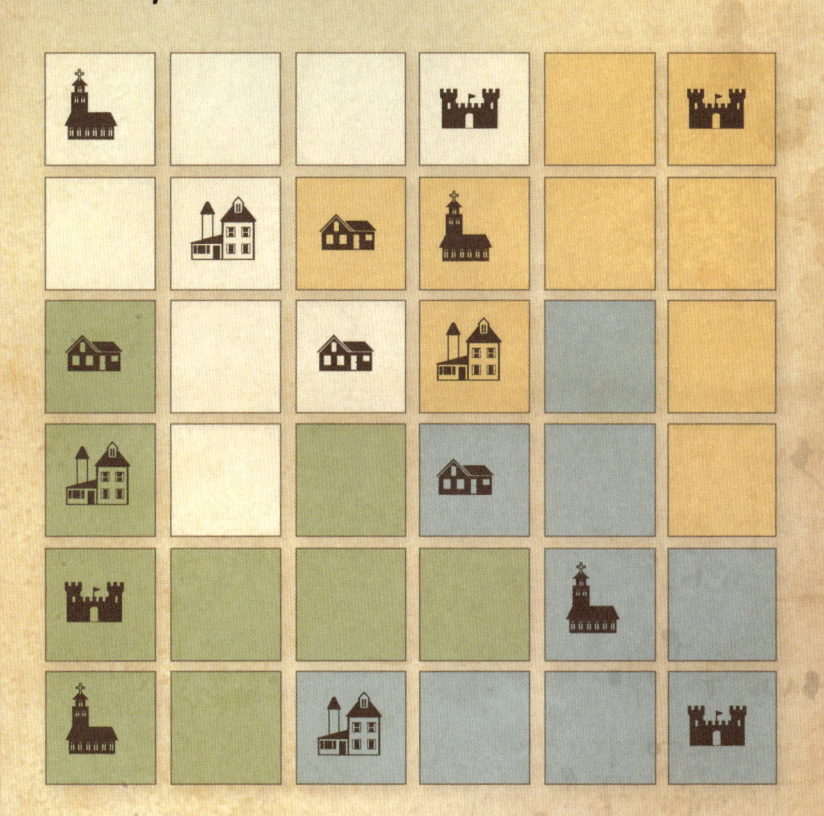

Une église *Un moulin*

Un donjon *Une ville*

Page 240

147 Leonardo-ku

Page 148

Un autre royaume divisé

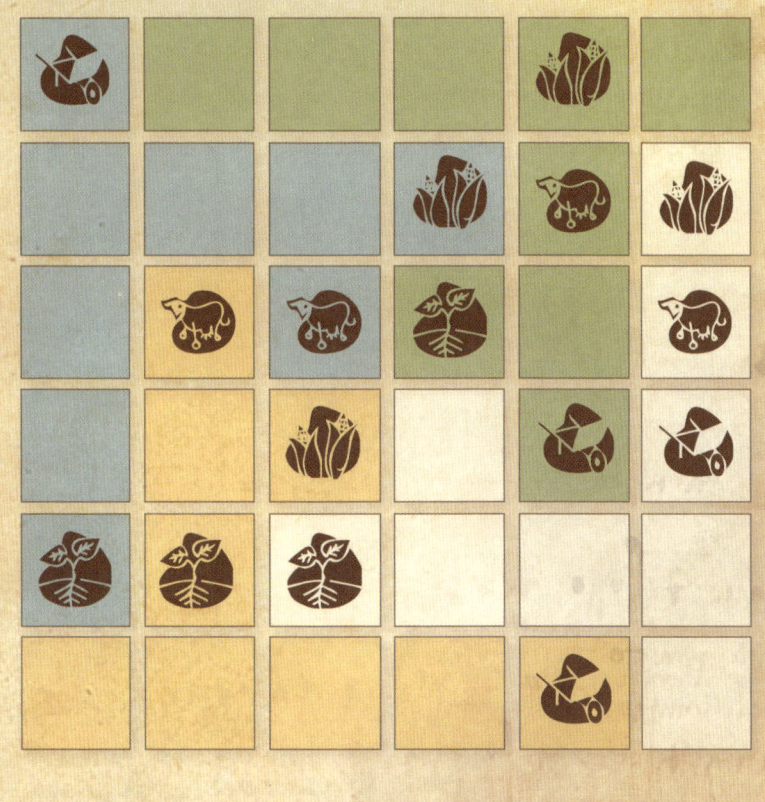

Fer

Bétail

Blé

Vignes

149 # Logique mortelle

	Pouvoir	Argent	Vengeance	Cardinal	Ambassadeur	Seigneur	Chantage	Meurtre	Séduction
Cesare			X		X			X	
Lucrezia		X		X					X
Giovanni	X					X	X		
Chantage	X					X			
Meurtre			X		X				
Séduction		X		X					
Cardinal		X							
Ambassadeur			X						
Seigneur	X								

Le meurtre de l'ambassadeur par Cesare est motivé par la vengeance.

Quand elle séduit le cardinal, Lucrezia a pour objectif l'argent.

Giovanni gagne le pouvoir en faisant chanter le seigneur.

Territoires

- ♠ Nobles
- ✝ Religieux
- ♦ Marchands
- ✒ Hommes de loi
- ✍ Universitaires
- ❦ Artisans

Page

151 **La part du gâteau**

Le premier invité coupe ce qu'il considère comme un juste quart du gâteau. L'invité suivant peut soit réduire la taille s'il estime que la part fait plus d'un quart, soit la passer au suivant, qui a le même choix. La dernière personne qui coupe la part la garde ou, si celle-ci est restée intacte, elle est retournée au premier invité et le second invité coupe à son tour un tiers du gâteau restant.

152-153 **Les pièces manquantes**

I   II   III   IV   V

Page

154 # Relations

Supposons que deux hommes épousent la mère de l'autre après le décès de leurs pères respectifs. Chacun a un fils avec sa nouvelle femme : Alberto et Benedict. Chaque fils est le demi-frère du père de l'autre et ils sont à la fois oncle et neveu l'un de l'autre.

155 # Le ciel s'ouvre

Ce sont les funérailles du cinquième prêtre ; les quatre autres portent le cercueil.

Page 156

Des commandes

	500 florins	750 florins	1 000 florins	Un cheval	Lui-même	La Vierge	Peinture à l'huile	Fresque	Sculpture
Sforza	X			X			X		
Borgia		X			X			X	
Médicis			X			X			X
Peinture à l'huile	X			X					
Fresque		X			X				
Sculpture			X			X			
Un cheval	X								
Lui-même		X							
La Vierge			X						

Sforza a commandé une peinture à l'huile d'un cheval pour 500 florins.

Borgia a payé 750 florins pour être représenté dans une fresque.

Médicis a commandé une statue de la Vierge.

Page

157 Points de cheminement

7 bornes. Les bornes affichent des nombres premiers consécutifs.

17 Km   13 Km   11 Km   7 Km   5 Km   3 Km   2 Km

158 Nombre magique

10	9	14
15	11	7
8	13	12

Page 159

Leonardo-ku

Page

160 La somme des arts

? = 25

| 4 | 5 | 6 | 9 |

161 Cases logiques

Additionnez les deux nombres du haut, puis les deux du bas. Multipliez les deux sommes pour obtenir le nombre central.

La réponse est 224.

13	6	7	9	11	3
	209		272		224
8	3	5	12	2	14

Page

162   Jugement de valeur

Il vaut 9. La valeur de chaque artiste est le nombre de voyelles dans son nom élevé au carré.

163   Les suites

85. Si l'on part du principe que 46 soldats ont perdu un bras, ainsi qu'une jambe, et ont contracté une infection, on peut soustraire 46 du nombre total de soldats (131), ce qui donne 85. Puisque ce nombre est inférieur au nombre total de blessés (112), c'est le nombre maximal de blessés qui se remettront.

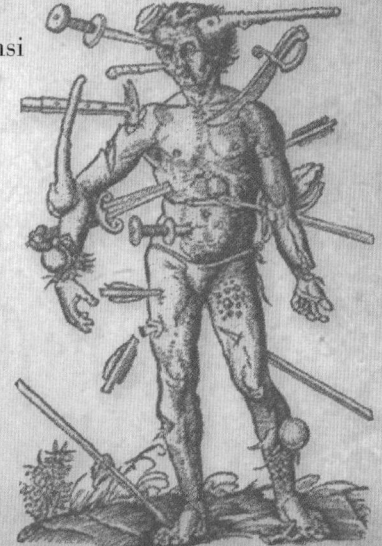

Page

164-
165 Les pièces manquantes

   I   II   III   IV   V
   ♆   ⊕   ⚷   ☾   ♅

Page

166 Un verrou révolutionnaire

22,5 révolutions du rouage à 8 dents entraînent 20 révolutions du rouage à 9 dents, 18 révolutions du rouage à 10 dents et 10 révolutions du rouage à 18 dents.

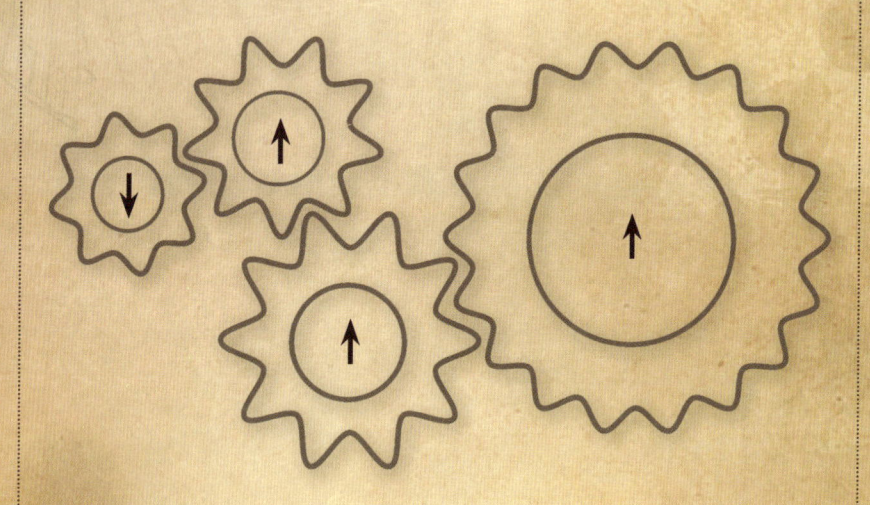

167 La somme des arts

? = 45

| 5 | 4 | 19 | 2 |

Page	
168	# Contre-mesures
169	# Cognition

Elle montera.

Page 170

Jeu de foire

Pour gagner, le florin de la dame doit tomber dans la zone grisée d'un carré de 2 × 2 cm.

La zone gagnante est de 1 cm², donc la zone perdante est de 3 cm², ce qui donne une chance de 3 pour 1 en faveur du forain. Un gain plus équitable serait de 3 florins en supplément du florin joué et récupéré. Le profit du forain repose sur la largeur des espaces entre les carrés.

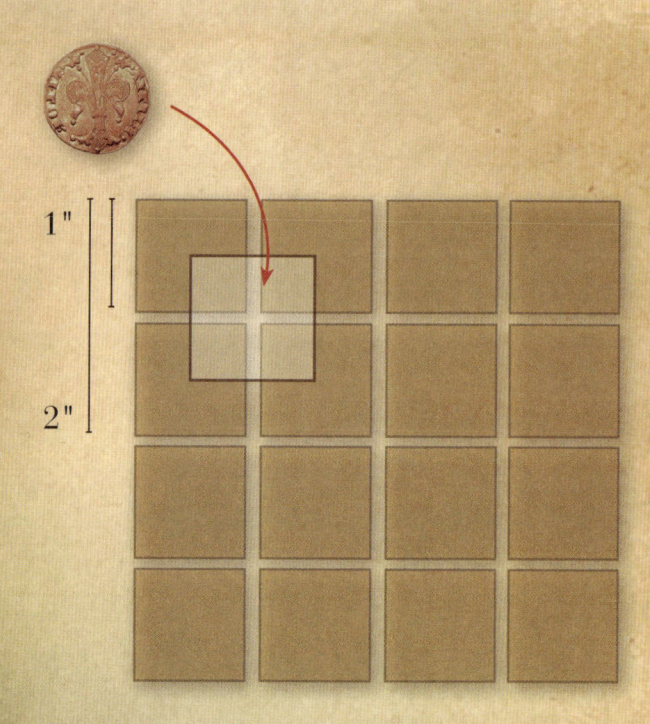

1"

2"

Page 171

À la forge

Léonard achète des nombres romains en fer forgé pour une horloge. Le prix est de 1 lire pour chaque barre.

V vaut 2 lires, IX vaut 3 lires et XII vaut 4 lires.

Remerciements

Illustrations :

Carlton Books Ltd
Dover Books
Istockphoto
Thinkstock.com
karenwhimsy.com
Wikimedia Commons